湛庐CHEERS

与最聪明的人共同进化

HERE COMES EVERYBODY

轻松主义

Effortless

[英]格雷戈·麦吉沃恩 著　　范兆明 译
Greg McKeown

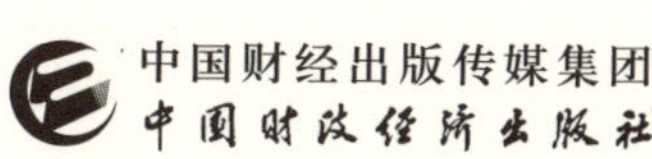

中国财经出版传媒集团
中国财政经济出版社

“21 世纪的史蒂芬 · 柯维”

“精要主义之父”

格雷戈 · 麦吉沃恩

让关键的事情变得容易做

你的人生更轻松

摒弃琐碎，直抵精要

对于麦吉沃恩来说，成为“精要主义之父”是一个意外的收获。曾经的麦吉沃恩与大多数人一样，会根据别人的建议而做出选择，而忽略了自己要的究竟是什么。促使麦吉沃恩做出改变的，是他的大女儿出生后发生的一件事。那天，麦吉沃恩在医院里陪伴妻子安娜和刚出生的女儿。当同事提出要他去公司参加会议时，虽然百般不情愿，但他依然回到了公司。然而，那次会面没有产生任何效果。麦吉沃恩本来是为了赢得客户的尊重而出席会议，但客户感觉到的却是他不悦的心情。

事情过后，麦吉沃恩开始反思并从中学到了重要的一课：如果你不能为自己的生活安排主次，那就只能任由别人为你安排。作为精要主义的提出者、倡导者和领导者，麦吉沃恩致力于帮助个人和企业摒弃琐碎，直抵精要。他的《精要主义》一书一经出版，就被翻译成多种语言，在全世界

销售超百万册，被 Goodread 选为“一生中最值得阅读的领导力图书”。

此外，麦吉沃恩还在斯坦福大学设计学院开办了“设计你的精要人生”课程，备受青睐和追捧。这门课的唯一目的是给学生们打造一个空间，用以设计他们的人生。每星期，学生们都自觉关掉笔记本电脑和智能手机，让自己的头脑开足马力地思考，练习经过深思熟虑后将最精要的少数从众多好东西中识别和区分出来。

永远选择最省力的路径

在《精要主义》出版之后，麦吉沃恩开始做一些全美巡回的主题演讲，签名售书，并分享他的心声。他去过的机场休息室、乘过的出租车和住过的酒店多到数不清。而比成为“精要主义之父”更棒的是，他成了 4

个孩子的父亲。他想为家庭投入更多的时间，为此，他拒绝了很多无关紧要的事情，尽力成为精要主义的典范，但他发现，当他的生活已经被剥离到只剩重要事项时，要做的事仍然太多。他该怎么办？

对此他的结论是：不只要做正确的事，更要正确地做事。他提出一种全新的工作和生活方式——永远选择最省力的路径，让关键的事变得容易做，帮助人们轻松取得更多成就。这也是《轻松主义》一书的主张，这本书出版后，立即被《纽约时报》和《泰晤士报》评选为畅销书，在亚马逊“时间管理”类图书中名列第 8。

把最重要的事，变成最容易学的事

麦吉沃恩创办了领导力培训公司 McKeown Inc.，并担任 CEO，旨在帮助个人和公司将 80% 的时间集中于重要的少数事务上，并且以聪明的做事方法轻松获得成功。这在世界范围内获得了广泛的认同。他是领导力、巅峰表现和业务增长领域极受欢迎的演讲者，因为他总是能将最重要的事，变成最容易学的事。他在世界各地进行了数百场的培训，包括澳大利亚、保加利亚、加拿大、中国、英国、印度、爱尔兰、意大利、日本和新加坡。很多国际级知名企业，如 Adobe、苹果、谷歌、Facebook、皮克斯、Salesforce.com、Twitter、雅虎等，均邀请他到企业内进行演讲，带领大家找到突破自我，获取更大成功的有效方法。

作为活跃的创新思想领袖，麦吉沃恩曾受邀在“西南偏南”多元创新大会和艺术节发表演讲，也曾接受挪威王储哈康·马格努斯的邀请，在其年度创新会议上发言。麦吉沃恩还是世界经济论坛的全球青年领袖，他在

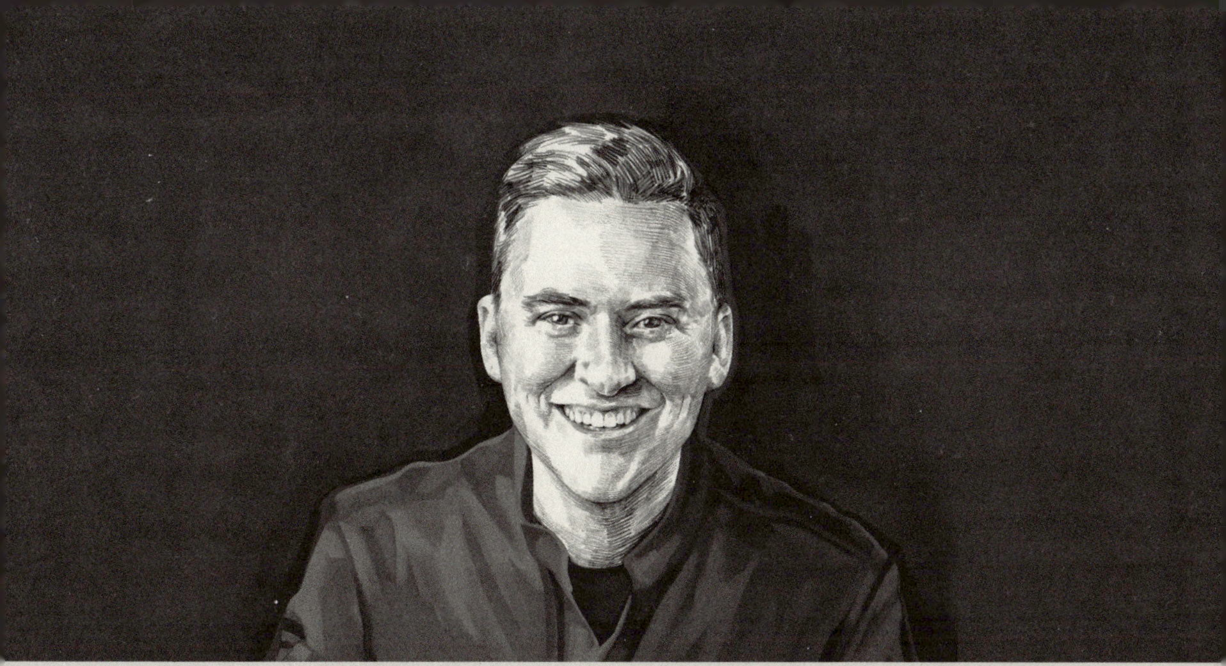

中国举办的“夏季达沃斯”上主持了一场关于“探索社会创新模式”的会议。麦吉沃恩因其独特而引人入胜的演讲风格而广受欢迎。Greater Public的活动组织者在请麦吉沃恩参加一场千人大会后说道：“我们做这个活动已经 16 年了，麦吉沃恩是我们有史以来最好的演讲者！”

他的文章经常刊登在《纽约时报》《快公司》《财富》《赫芬顿邮报》等知名刊物及网站上，也是《哈佛商业评论》和领英上最受用户欢迎的作家之一。

格雷戈·麦吉沃恩系列作品

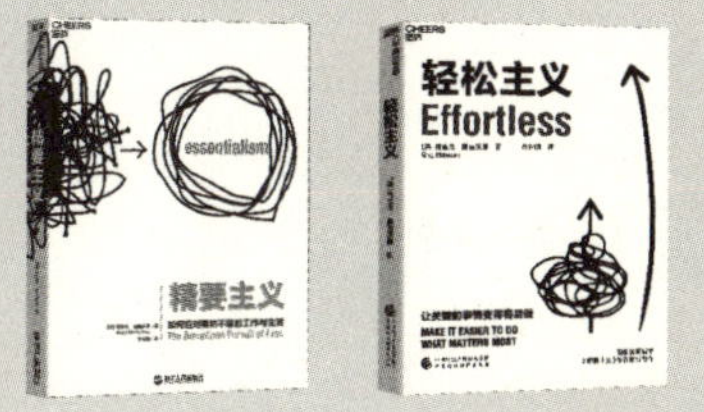

湛庐CHEERS 

放轻松带来的双重复利

杨天南

北京金石致远 CEO

你有没有过这样的经历：熬夜加班过度，反而拖低了工作成效；天天盯盘，反而亏损累累；给孩子报了很多兴趣班，反而令孩子兴趣索然？如果你遇见过诸如此类的问题，那你正好可以读一下《轻松主义》这本书。

这本书无意中暗合了我的很多想法，例如“人生最优回报定律”，与我提倡的“追求人生综合回报最大化”异曲同工；再如“当你专注于你所缺乏的，你会失去你所拥有的；当你专注于你所拥有的，你会得到你所缺乏的”，正是我们常说的“珍惜在手的幸福”。

作者几年前写过另一本现象级畅销书《精要主义》，并在斯坦福大学开设了课程“设计你的精要人生”，致力于帮助人们摒弃琐碎，抓住精要。

但当生活已经被剥离到只剩重要事项，时间还是不够用时，我们应该怎么办呢？作者认为，一定还存在着另一条路，用正确的方法做重要的事，不必以身心俱疲为代价。想想如果将关键的事情变得容易做，你的生活会发生什么样的改变？

书的开篇讲述了一位社会精英人士的故事，他从乔治城大学毕业后又到哈佛商学院深造，毕业后入职了一家顶级金融机构。他每周工作长达 80 小时，假日无休，因为在他接受的教育理念中，努力工作才是获得成功的关键。在这样争分夺秒的节奏中，时间到了 2008 年，他所在的公司破产了，他持有的股票下跌了 97%！曾经所有的紧张熬夜、离家奔波，全都变得毫无价值。更要命的是，他的身体也出现了问题。此时他才突然意识到，“更加努力”或许并不能让人更成功。

作者根据自己丰富的工作经历，在书中为我们描述了很多由于努力过头反而失败的案例，这令我想起了自己的日常生活。年届不惑之后，身边几乎每年都有人因为在事业快车道上超负荷奔跑而使健康出了问题，甚至酿成悲剧。人的一生面临着大大小小的选择，是这些选择造就了人的命运。是过把瘾就死，还是更长久地存在于这个美丽的世界？这个选择不可谓不重大。

针对这个宏大的选择题，作者最终提出的治愈方案是：放轻松。《轻松主义》这本书为我们展示了用轻松状态、轻松行动获得轻松成果的 5 种杠杆。在轻松成果部分，作者指出“读书是世界上回报率最高的活动之一”，至于读什么样的书，他提到了“林迪效应”（Lindy Effect），也就是一本书存世越久，它在未来留存的可能性就越高。所以，应该先读那些存世已久的经典作品。这点我极为赞同，因为通过阅读经典作品来学习作品中的智慧乃至重获健康的故事，我们身边发生了不少。近年来，有感于社会上追求“读多”的学习时尚，我们立下将巴菲特六十年股东信“十年读十遍”的宏愿。这个“多不如精”的学习计划至今已有 3 000 多人加入。令人意想不到的是，我们收到最多的反馈是“通过学习获得了心情的轻松和内心的宁静”。

日前，我收到了一封来自浙江读者的邮件，题为“治疗顽疾的一剂良方”，这位读者在邮件中讲述的经历很好地印证了《轻松主义》作者的观点。这是一位年届不惑之年的企业经营者，他自述过去数年动用杠杆参与比特币投机，目标是赚十倍乃至百倍，但 2020 年比特币一夜爆仓，导致他血本无归。他说，爆仓那天，感觉整个人从大脑到心脏被重重地捶了一下，睡眠不好，加上情绪低落，再叠加懊悔，到了那个临界点，他心里那根紧绷的弦终于断了。一夜白头的故事虽然没有发生在他身上，但他的大脑内部还是发生了一些异常。

他开始听到无休无止的“嗞嗞嗞嗞嗞嗞……”声，就像电流声那样，这种声音 24 小时无时无刻不在侵扰他，他根本没办法正常读完哪怕一篇文章。夜深人静时，这种恼人的声音让他无法入眠，安静不得，苦不堪言。他跑了当地和上海各大医院，遍访名医，包括脑鸣专家，得到的诊断是：大脑有一块区域疑似放电，未有器质性病变。他还做了脑电图，服用了抗抑郁、减弱脑部放电和滋养神经的药物，但是都没效果。此时，他想到了自己正在关注的“解读巴菲特六十年股东信”节目，刚开始收听时，他还会竖起耳朵仔细听，但不知不觉就会睡着。和风细雨的节目声音，说它有宁心安神的作用，一点儿都不夸张。坚持 10 多日后，他幻听的症状日渐缓解，精神变得好多了。

这个邮件中的案例印证了《轻松主义》的观点——阅读经典是物超所值的一件事。

在这本书的第三部分，作者主张发挥 5 种杠杆的力量，把产生线性成果的行为转变为产生复利成果的行为，由此，只要付出一次努力，就能一次又一次地轻松获得收益。不错，一旦“努力”超过一个临界点，更多的成本投入很难推动更多的边际产出，甚至可能反噬已有的成果。

人们感到不轻松通常源于自视过高或预期过高，因此，有人总结了“人生三部曲”——成年之后发现父母是普通人，中年之后发现自己是普通人，老年之后发现孩子也是普通人。人的一生应该先尽力而为，努力探索能力边界，让自己配得上想要的生活，接下来就应该顺其自然，因为说到底绝大多数的我们都是普通人。

回顾历史，能够穿越周期取得 15% 复利回报的人已经可以称得上是“世界顶尖投资家”，屹立投资界巅峰的巴菲特，在这个数字上的表现也不过是 20% 而已。看看巴菲特和芒格二人加一起近 200 岁的年纪，再想想毛泽东所写的“自信人生二百年，会当水击三千里”，就会释然：一切要从学会放轻松做起，因为这样才可能一直健康活着，才可能享受既赚钱又赚命的双重复利。

高手为什么更轻松

喻颖正

公众号“孤独大脑”作者，“未来春藤”创始人

你的人生中有没有过这样一个时刻：你突然实现了一次巨大的飞跃，仅仅是因为你轻轻推开了某扇门而已。

几年前我开始学滑雪，起初一切很顺利，但从蓝道到黑道的进阶，我却怎么都难以跨越。然而偶然有一天，我按照教练的指引，克服自己的恐惧感，试着将身体向山坡下的方向倾斜，结果，我就这样学会了在陡坡上顺利地拐弯！

放轻松，不仅是很多运动中的要点，也是在生活和事业上成为“高手”的秘密：首先，因为放轻松，所以你可以专注于做对的事情；其次，因为放轻松，所以你可以将资源合理分配在正确的事情上，把事情做对。

千万不要被这本书的名字欺骗了，《轻松主义》里的“轻松”并不是指完全轻松，而是指举重若轻。书中讲述的放轻松的原理非常值得向你推荐。

轻松状态：在对的地方做对的事情。

轻松行动：用理性的方式把事情做对。

轻松成果：用杠杆效应和自动化获得复利。

我看过一个有趣的调查，在中国，90% 以上的人都认为勤奋是一种美德，但在其他很多国家，这个比例要低得多。勤奋没什么不好，只是有时候人们会用“盲目勤奋”来逃避真正的思考。前阵子流行说“做难而正确的事情”，很多人因此而认为“难的事情”就一定正确，而事实却并非如此。

书中说：“不要‘英雄主义’，只要轻松的成功。”很多人逃离了所谓的“舒适区”，结果除了变得不舒适，什么都没得到。轻松主义倡导的价值观是：一个人应该做他擅长并且觉得舒适的事情。我们也不必老想着创新，“憋大招”，而是应该试着“将陈词滥调讲出新意”，如此不仅轻松，而且成功的概率更大。

人生是一场长跑，只有放轻松，做到轻而不浮，松而不懈，才能跑完全程。

让关键的事情变得容易做

讲一个发生在帕特里克·麦金尼斯（Patrick McGinnis）身上的故事吧。[1]

麦金尼斯是一个满足人们所有期待、符合人们对精英的所有标准的人。他从乔治城大学（Georgetown University）毕业后又读了哈佛商学院，后来加入一家顶级的金融和保险公司。他觉得自己应该长时间工作，也确实这样做了：他每周工作长达 80 个小时，即便节假日也是如此。他从来没有在老板之前离开过办公室，有时候他给人的感觉是他从未离开过办公室。他出差非常多，因此他获得了航空公司级别最高的常旅客身份，这个级别高得甚至连名字都没有。与此同时，他在三个大洲的四家公司担任董事。有一次，他抱病在身却拒绝待在家里养病，结果在董事会议中不得不三次离席，去洗手间呕吐。有一次吐完回来时，一位同事说他脸色发青，但他硬是挺过来了。

他所接受的教育是，努力工作是生活中获得一切的关键。这是当代人的常见思维方式：工作理念体现一个人的性格，作为一名成就非凡的人，他已经把这一点提升到了一个新高度。**他不只是认为无休止的工作会带来成功，甚至还认为无休止的工作本身就是成功。**下午 5 点下班意味着这份工作肯定不是很重要。他认定自己的努力工作最终会带来回报。直到后来有一天，他醒来之后发现自己为之努力工作的公司破产了。那是美国国际集团（AIG），时间是 2008 年，他持有的股票下跌了 97%。那些在办公室熬过的夜，那些去往欧洲、南美和中国无数红眼航班的飞行，那些错过的生日和庆祝活动，全都变得毫无价值。

金融危机爆发后的几个月里，麦金尼斯连床都下不了。他开始夜间盗汗，眼前变得模糊不清：好几个月的时间里他不仅眼睛看不清楚东西，而且整个人都变得不知所措，陷入迷茫。

麦金尼斯因压力过大而生病了，他找医生做了一些检查。他就像乔治·奥威尔在《动物庄园》里描写的悲剧角色博克瑟马（Boxer the Horse）一样。博克瑟马是农场里最具奉献精神的劳动者，对每一个问题、每一次挫折的回应都是："我会更努力地工作。"最后，博克瑟马因过度劳累而病倒，被送往屠马场。从医生办公室回家的路上，他做了一个承诺，并称之为"与上天的契约"。他向自己承诺："如果我能痊愈，那么我一定会做出一些改变。"[2]

"更加努力工作是解决一切问题的办法。"麦金尼斯以前常常这样说。但他突然意识到，更加努力工作的边际收益实际上是个负值，这绝不是获得人生最优回报的好办法。

但他能做什么呢？有三个选项。

1. 他可以继续这样工作，但这很可能把自己累死。
2. 他可以降低预期，放弃自己的目标。
3. 他可以找一个更简单的方法去获得他想要的成功。

他选择了第三个选项。

他辞去了自己在美国国际集团原本的职务，但继续担任顾问。他不再每周工作 80 个小时，开始在 5 点就下班回家，周末也不再回复电子邮件了。他不再把睡眠当成一种无法避免的罪恶。他开始散步、跑步，吃得更健康。他减掉了 11 千克的体重。他开始重新享受自己的生活和工作。

这时候，一个风投行业的朋友给了麦金尼斯一些启发。麦金尼斯的朋友做的不是大额投资，而是在自己看好的公司小额入股。这激发了麦金尼斯的兴趣。麦金尼斯投资了几家公司。他的投资组合已经产生了 25 倍的回报。即使在经济困难时期，他对自己的财务状况也感到很乐观，因为他不依赖单一的收入来源。他只花了过去一半的工作时间就赚到了更多的钱。显然，他现在所做的工作回报率更高，生活受到的打扰更少。他说："我甚至没有感觉自己是在工作。"他从这次经历中学到的是：**当你无法更加努力时，就该寻找一条更简单的路了。**

你呢？你是否曾经感觉：

- 你跑得更快了，但没有更接近自己的目标？

- 你想做出更大的贡献，但缺乏精力？
- 你在崩溃的边缘摇摇欲坠？
- 所有事情都比它应有的难度更大？

如果你对上述任何一个或者全部问题给出了肯定的答案，那么，这本书就是为你而写的。现代人往往个个纪律严明，做事专注，对工作投入且富有激情，但同时他们也筋疲力尽。

无尽的拼搏不能带来无尽的成功

生活有起有落，我们做的每件事都有它的节奏。我们要有努力拼搏的时候，也要有休养生息的时候。但现在，许多人拼得越来越凶，永不停歇，失去了节奏感，只剩下无休止的拼搏。

我们生活在一个充满机遇的时代。但现代生活中有些事情做起来就像在高海拔地区徒步旅行，空气很稀薄，就算往前挪动寸步也格外吃力。人们也许囿于对未来无尽的恐惧和不确定感，也许感到孤独和孤立，也许面对着经济上的焦虑或困难，也许受制于日常生活中让我们窒息的所有责任和压力。生活是艰难的，这种艰难以各种方式呈现出来，让人感到复杂或沉重，悲伤或疲惫。身体健康和心理健康方面的挑战令人备感艰难；失望感令人备感艰难；账单令人备感艰难；维持紧张的人际关系令人备感艰难；抚养孩子令人备感艰难；失去所爱的人也令人备感艰难。有时候，生活中的每一天可能都很艰难。

幻想一本书可以消除这些难题是不切实际的。我写这本书并不是轻视这些烦恼，而是想要帮你减轻烦恼。这本书可能不能把每一件困难的事情都变得易于解决和承担，但我相信，它可以让许多困难的事情变得容易一些。

面对重大的挑战感到不堪重负和筋疲力尽是很正常的。同样，为日常挫折和烦恼感到不堪重负和筋疲力尽也是正常的。每个人都会遇到这种情况。如今，这种情况似乎更频繁地发生在我们之中更多人的身上。奇怪的是，许多人面对疲惫和压力的反应，是发誓要更努力、更长时间地工作。这不起作用。我们的文化把筋疲力尽美化成衡量成功和实现自我价值的标准。这里面隐含的信息是，如果我们没有总是筋疲力尽，那一定是做得不够；那些伟大的东西是留给那些流血的人的，是留给那些努力到几近崩溃的人的。因此，在某种程度上，压倒性的工作量成为一种目标。

过度努力不是荣耀。

的确，努力工作可以产生更好的结果，但这只在一定程度上是正确的。毕竟，我们能够投入的时间和精力是有上限的。**我们的投入超过上限越多，我们通过努力得到的回报就越少**。这个循环会一直持续，直到最后我们精疲力竭，却仍然没有得到我们真正想要的结果。你很可能懂得这个道理，也可能正在经历这些。虽然听起来有些残酷，但这就是每个人面对的人生回报定律，而用更少的努力，轻松达成想要的结果完全是有可能的，我称之为人生最优回报定律，也是我希望通过本书分享给你的东西。

如果面对困难我们采取了相反的方法呢？如果我们在任何情况下都不把自己逼到极限，而是去寻找一条更简单的道路，我们的人生会发生什么呢？

不只要做正确的事，还要正确地做事

在我的第一本书《精要主义》[①]出版之后，我开始做一些全美巡回的主题演讲，签名售书，并分享我的心声。我经常带上我的一个孩子和我一同去经历奇遇，我和妻子安娜都很喜欢这一点。在一次这样的旅途中，我在预定的时间抵达签售处，发现有300人在排队，书店的书已经售罄，这是之前的活动中从未出现过的。那一年，我去过的机场休息室、叫过的优步车辆和住过的酒店房间多到数不清，晚上回到酒店时我总是兴奋而疲惫，然后叫一个客房送餐服务。《精要主义》的成功改变了一切。

那些读过或者听过这本书三四次甚至17次的人写信给我，告诉我这本书极大地改变了他们的生活，有些情况下甚至挽救了他们的生活。他们都想与我分享自己的故事，而我也乐于倾听。我想在这些渴望成为精要主义者的人面前演讲，想回复每一封读者发来的邮件，想给每一个让我在书上签名的人写下个性化的留言，想亲切诚恳地倾听每个想分享其精要主义体验的人的故事。

但比成为“精要主义之父”更棒的是，我如今是四个孩子的父亲。我的家庭对我来说是最重要的，所以我想全心投入其中。我想成为妻子安娜的贴心伴侣，为她留出空间，让她追求自己的目标和梦想。哪怕好像总是不太方便，只要孩子们想说话，我都想认真倾听，想与孩子们一起庆祝他们的成功，想指导和鼓励他们去完成心中最重要的目标，无论那个目标

---

① 精要主义是一种人生思维方式和态度，想要了解怎样最大限度地成就真正重要之事，阅读《精要主义》可以给你有用的启示。这本书的中文简体字版已由湛庐引进，由浙江人民出版社于2016年出版。——编者注

是什么。我想和他们一起玩游戏，一起摔跤、游泳、打网球，一起去海滩，晚上一起吃着爆米花和零食看电影。为了给这些事情腾出时间，我舍弃了很多不必要的事务：我推辞了写新书的计划，即使被告知我“应该”每 18 个月写一本。我在斯坦福大学教学期间休息了一段时间，取消了创建工作室的计划。我这辈子从来没有这么挑剔过。问题是，我要做的事情还是太多了。更糟糕的是，我感到自己需要付出更多，而我已经没有余力了。

我尽力成为精要主义的典范，像我教别人的那样去生活。但这好像不足以应对生活给我的重任。我感到我的一个观念出现了裂痕，那也是我一直固守的：要想完成目标而不陷入无尽的忙碌或过度投入，我们只需要约束自己，只对重要事项说 Yes，对所有其他事情说 No。但现在我把自己搞晕了：当一个人的生活已经被剥离到只剩重要事项，且数量仍然太多时，他该怎么办？

那时候，我正在和一些非常有思想的企业家交流，有人提到了“大石头理论”（big rocks theory），这是一个众所周知的故事。一位老师拿来一个巨大的空罐子，她把一些小石子倒入底部。接着，她试图把一些更大的石头放进去，但罐子已经装不下了。然后，老师拿来一个同样大的空罐子。这次，她先把大石头放进去，再把小石子倒进去，甚至还倒入了一些沙子。如图 0-1 所示，这次装得下了。

当然，这只是一个比喻。大石头代表最重要的责任，例如健康、家庭和人际关系。小石子代表相对不那么重要的事情，例如工作和事业。沙子代表像社交媒体和刷手机这样的事情。“大石头理论”与我一直以来的认知很相似：如果你将最重要的事情置于首位，那么你不但为生活中最重要的事情腾出了空间，也为其他琐事做好了安排。但如果反过来，你先忙完那些琐事的话，就没有精力处理那些真正重要的事情了。那天晚上，我坐在酒店房间里想：如果大石头太多该怎么办？如图 0-2 所示，如果绝对重要的工作跟“罐子”的尺寸不匹配怎么办？

在思考这个问题的时候，我接到一个视频电话，是我的儿子杰克用我妻子的手机打来的。这很不寻常，我立刻警觉起来。杰克脸色苍白，语气很急迫，他看起来很害怕。我能听见妻子的声音，她在旁边指示杰克“把手机转过来”，好让我看到发生了什么。杰克试图解释：“伊芙出了点儿问题，她本来好好地在吃东西，突然她的头开始晃动……妈妈让我给你打电话。”伊芙出现了严重的癫痫大发作。

在肾上腺素的刺激下，我完成了接下来的事情：匆忙打包行李，乘坐红眼航班回家。但接下来几星期发生的事情令我情绪消沉。我们频繁造访医院，请教医学专家。朋友和家人不断打来电话，他们想知道我们过得怎么样，询问能帮上什么忙。与此同时，我发现所有的待办事项并没有由于我处于危难之中而神奇地消失。我仍然需要重新安排主题演讲的时间，需要取消航班，需要回复重要的邮件。压迫感袭来，我开始超负荷运转，有时候，这几乎令我窒息，令我崩溃投降。这种感觉持续了好几个星期。最终，我意识到目前的局面：我透支了。我写了一本书来告诉人们如何成为一名精要主义者，自己却不堪重负，顾此失彼。我发自内心地想成为一名完美的精要主义者，但我没有冗余的事项可以舍弃，所有事项都很重要。最后我对安娜说：“我不行了。”

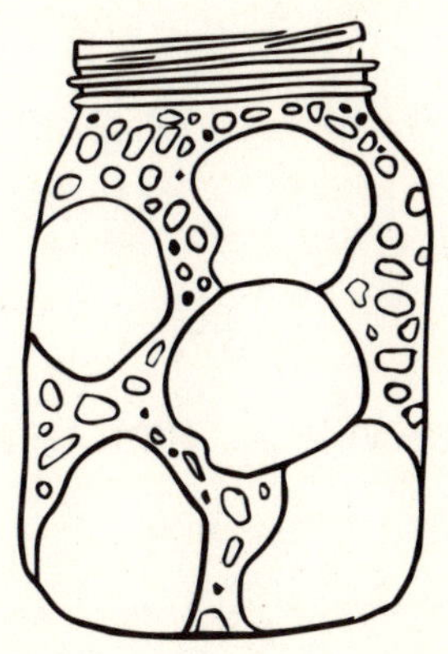

图 0–1　重要事项与琐碎小事安排得当

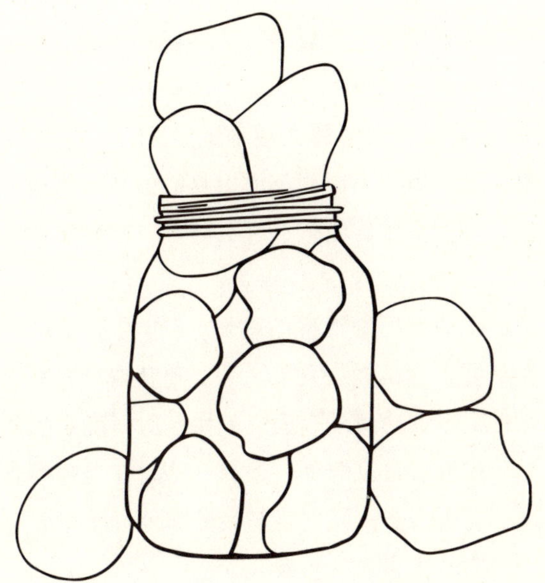

图 0–2　重要事项与“罐子”的尺寸不匹配

对此我的结论是：我做的所有事情都是正确的，都有正当理由。但是，我做事的方法不对。我就像一名努力使用下背部肌肉举重的选手，一名没有学会正确呼吸方法的游泳者，一名煞费苦心徒手揉制每块面团的面包师。

我想你应该很清楚我在说什么。你对自己的工作保持高度投入，但这令你自己处于透支的边缘，你竭尽全力，但仍然感觉做得不够，重要事项多到超出日程安排，你想做更多的事情，却没有余力，你在重要的事情上取得了进展，却由于过度劳累而无法从成功中收获任何快乐，我猜你一定能体会这些感觉。

对于付出了这么多的你，我要说：还有另一条路。

不是所有的事情都一定要那么艰难地完成，不是要我们筋疲力尽事情才能取得进展，我们做出贡献也不必以身心健康为代价。当重要的事情变得难以处理时，你要么放弃它们，要么寻找一种更简单的处理方法。

《精要主义》帮助我们做正确的事情，《轻松主义》帮助我们用正确的方式去做。自从写了《精要主义》之后，我获得了与成千上万人交谈的难得机会，谈论他们在追求真正有意义的生活时所面对的挑战。有些交谈是面对面的，有些是通过社交媒体，还有一些是在我的播客上。这是一场多年的聆听之旅。有那么多人无助地与我分享他们面对重要事项时遇到的困难，这是我一生中从未有过的机会。

我所了解到的是，大家都想做好重要的事。我们想减肥，想为房子或退休攒钱，想在事业上获得成就感，想与一起工作和生活的人们建立更亲密的关系。这一切难以实现的原因并不在于我们缺乏动机，因为如果只要有动机就可以的话，那么我们早已达到了理想的体重、能够量入为出、拥有了理想的工作、享受着与最重要的人亲密而有意义的关系。

事实是，仅有动机还不够，因为时间与精力是一种有限的资源。为了在重要事项上真正取得进展，我们需要以一种全新的方式应对工作和生活。我们可以通过把重要事项变容易来获得更好的结果，而不是一味地加倍努力。

对一些人来说，“减少努力”的理念会令人不舒服，这会令他们有偷懒的感觉，令他们担心落后于人，或是为没有“多走一英里”而内疚。一定要摆脱这种心态，即认为做困难的事情本身具有内在价值，不仅迷信困难，还怀疑所有做起来容易的事。

轻松地实现目标并不代表一个人没有上进心，它是聪明的体现，是一种让人得以从“艰辛”和“懒惰”中解脱的替代品：它让我们既能保持清醒，又能得到我们想要的一切。

如果关键的事情做起来更容易，重要的事情做起来更轻松，你的生活会发生什么样的改变？如果你一直拖延的重要事项变得令人乐在其中，而无意义的琐事对你完全失去了吸引力呢？这样的转变对我们大有裨益，甚至会颠覆我们的生活。

这就是本书的价值主张，它主张一种全新的工作和生活方式，这种生活方式能让人们轻松取得更多成就，让人们无须过度努力就能获得理想的结果。

以轻松状态、轻松行动，轻松获取理想成果

这本书由三个简单的部分组成：第一部分帮助你恢复“轻松状态”，第二部分教会你采取“轻松行动”；第三部分揭秘 5 种杠杆力量，让你轻松实现理想成果。每一部分都建立在前一部分的基础之上。

想象一名 NBA 球员站出来罚球的场景。

第一步，他们进入“特定的区域”，站到罚球线上的那个“点”运球，这是一个帮助他们集中注意力的例行仪式。你可以很清楚地看到他们如何放空自己，抛开所有情绪，屏蔽周围人群的噪声。这就是我所说的“轻松状态”。

第二步，他们弯曲膝盖，肘部弯成直角，然后抬臂、抖腕、将球投出。他们一直训练这套精准、流畅的动作，最终将它深深植入肌肉记忆。他们的动作毫不费力，做得流畅又平稳。这就是“轻松行动”。

第三步，球在空中划出弧线，落入篮筐，发出令人满足的“嗖——”的声音，那是完美执行罚球的声音。这并不是偶然，他们可以一次又一次地做到。这就是“轻松成果”的实现。

第一部分：轻松状态

当我们的大脑满负荷运转的时候，一切都变得更困难。疲惫使我们慢下来。不合时宜的假想和情绪使我们难以处理新的信息。日常生活中无尽

的杂务，让我们分不清轻重缓急。

所以，让事情变轻松的第一步，是清除我们头脑和心中的混乱。这就是我所说的进入“轻松状态”（如图 0-3 所示）。

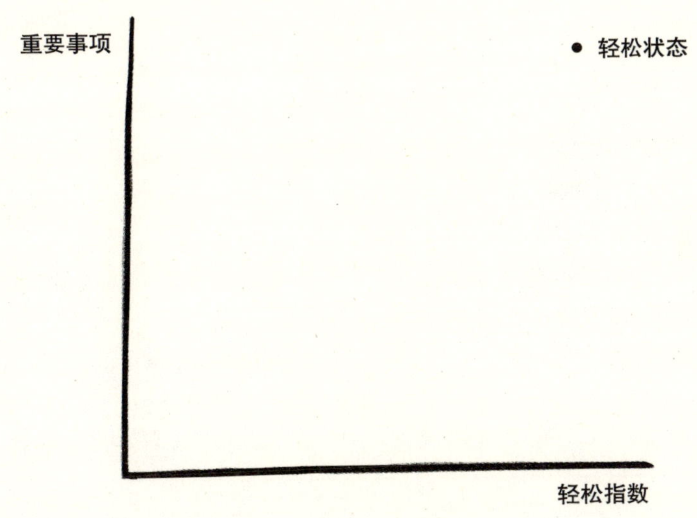

图 0-3　如何定位“轻松状态”

你很可能曾经历过这种情况：你感到精力充沛，平心静气，全神贯注，完全专注于当下。你清醒地认识到当下什么是最重要的。你感觉自己有能力在正确的时间采取正确的行动，你进入状态了。

本书的这一部分提供了恢复到轻松状态的可行方法（如图 0-4 所示）。

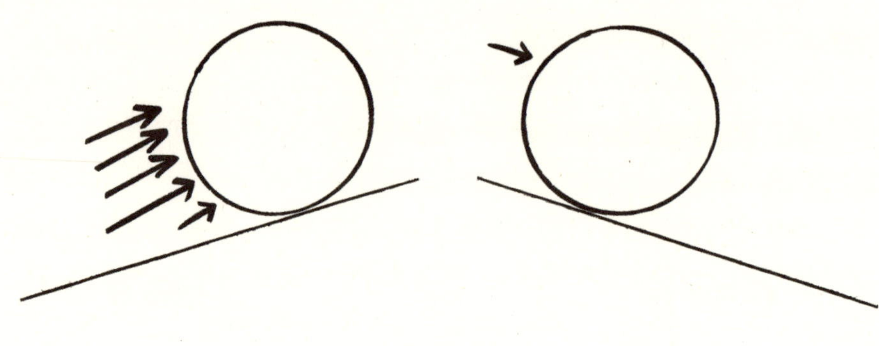

	困难	轻松
想法	有价值的事情需要耗费极大精力	最重要的事情可以是最容易的事情
做法	努力过头	找到更容易的方式
结果	精力耗尽却没有得到想要的结果	无须过度努力就获得相应的结果

图 0-4　完成重要事项的不同状态

第二部分：轻松行动

一旦我们找到了轻松状态，采取轻松行动就变得更容易了。但是我们仍然可能遇到种种复杂的情况，让我们难以启动或推进一项重要任务。完美主义使重要任务难以启动，自我怀疑使它难以完成，试图做得太多、太快，则会使动力难以持续。

本书的这一部分是关于如何简化流程来使工作本身变得更容易。

第三部分：轻松成果

当我们采取了轻松行动，就更容易获得“一次”想要的成果。那么，我们能不能反复获得这样的成果，却不需要再付出更多努力呢？

“成果”有两种类型：线性的和带来复利的。

当你的努力产生了一次性的收益，你就会得到一个线性的成果。每一天你都从零开始，如果你今天没有付出努力，那么今天就不会获得成果。这是一种一一对应的关系，你付出的努力与收获的成果成正比。

复利成果则是指你付出一次努力，就能一次又一次地获得收益。在最初投入之后，你会持续获得成果，不管你是否又付出了额外努力。你睡觉的时候会获得成果，休假的时候也会获得成果。复利成果几乎可以是无限的。

单次的轻松行为会产生线性成果，而当我们将轻松行为应用于高回报率的活动时，我们获得的回报会叠加，就像储蓄账户的利息一样。这就是我们创造复利成果的方式。

获得一个优质成果很棒，一次又一次轻松地获得优质成果是最棒的。本书第三部分就展示了如何做到这一点。

更容易的方式一直都在，找到它

发现轻松的生活方式，就像使用特殊的偏光太阳镜进行飞钓。如果没有眼镜，水面上刺眼的光线会让人很难看到水下游动的东西。但你一旦戴上眼镜，镜片就会过滤掉来自水中的横向光波，屏蔽掉刺眼的光线。突然，你可以看到水下面所有的鱼了。

当我们习惯了用“困难方式”做事，就如同被水面上刺眼的光线蒙蔽了双眼。但一旦把“轻松方式”的想法付诸实践，你会看到，更容易的方式一直都在，只是隐藏在了视野之外。

我们都体验过“轻松方式”是什么感觉。比如，你是否曾经：

- 发现处于放松状态时更容易投入地做事？
- 在某件事上付出了较少的努力，最终却取得了更大的进展？
- 在没有投入额外努力的情况下，一次又一次地收获成果？

我写这本书的初衷很简单：试图帮你理解轻松状态的运作机制（如图0-5 所示）。

当然，我们无法让生活中的每件事都变得轻松。但我们可以尽量让多数事情变得不那么艰难，然后让它们变得更容易一点，最终变得极其容易，甚至毫不费力就能完成。

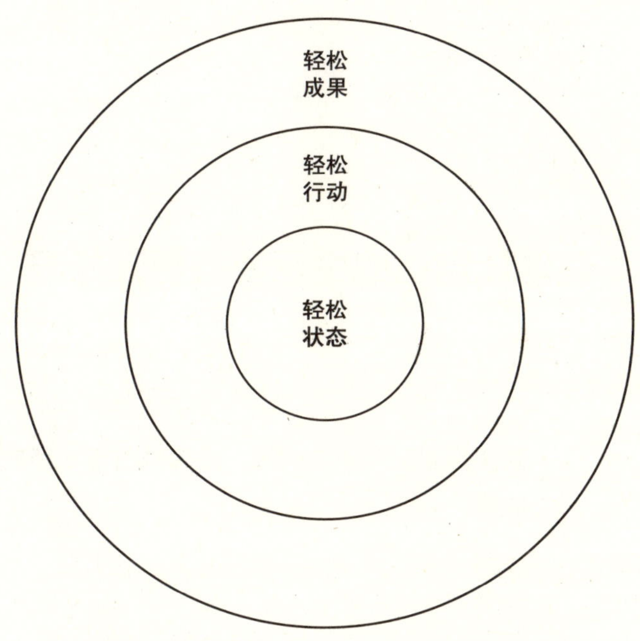

图 0-5　保持轻松状态是赢得轻松成果的核心

在写这本书的过程中，我采访了一些专家，阅读了他们的研究成果，借鉴了行为经济学、哲学、心理学、物理学和神经系统科学的知识。我以一种严谨的态度探索着这个重要问题的答案："怎样才能让最重要的事情做起来更容易？"现在，我迫不及待地想与你分享我所学到的一切。正如英国伟大作家乔治·艾略特所说："**如果不是为了让彼此过得轻松一点儿，我们活着是为了什么？**"[3]

你能让自己的生活变得更轻松吗

扫码鉴别正版图书，
获取您的专属福利

- 要实现超出预期的成绩，必须付出超出预期的努力，这是对的吗？（ ）

  A. 对

  B. 错

- 如果没有将所有可能的因素都考虑周全，就不应该迈出第一步。这是对的吗？（ ）

  A. 对

  B. 错

扫码获取全部测试题及答案，看看你的生活是不是符合轻松主义

- 以下行为最符合轻松主义的是（ ）

  A. 让你的大脑被抱怨、妒忌、愤怒等情绪负担长期占据

  B. 每天都给自己安排超出预期的工作，让自己保持忙碌

  C. 坚信“更重要的事一定意味着更艰难，容易的事不值得去做”

  D. 放下执念，不追求完美，万事都从最简单的第一步开始做

目 录

推荐序 1　放轻松带来的双重复利

杨天南
北京金石致远 CEO

推荐序 2　高手为什么更轻松

喻颖正
公众号“孤独大脑”作者
“未来春藤”创始人

引　言　让关键的事情变得容易做

测一测　你能让自己的生活变得更轻松吗

轻松状态

导　读　5 项要素，选择最省力的路径

第 1 章　倒置，自觉追求“更容易”　007

第 2 章　享受，“满足”不需要被延时　023

第 3 章　释怀，雇用“感恩”，解雇“报怨”　039

第 4 章　休息，有规律地“无所事事”　057

第 5 章　觉察，在“噪声”中保持专注　073

轻松行动

导　读　5 个原则，约束自己的努力程度

第 6 章　定义，找到“产出低于投入”的那个点　095

第 7 章　开始，从简单到可笑的第一步入手　103

第 8 章　简化，能不做的都不做　113

第 9 章　过程，拥抱“简陋的雏形”　125

第 10 章　节奏，竭尽全力不如有所保留　137

轻松成果

导 读 5大杠杆，做能够产生复利的事

第11章 学习，掌握事物的基本原理 157

第12章 提升，借助分享让影响力指数级增长 171

第13章 自动，让行动不假思索 179

第14章 信任，与值得信赖的人一起工作 191

第15章 预防，在问题发生前就“连根拔起” 203

结 语 顺势而为，人生会更轻松 215

注释与参考文献 221

Effortless State

How can we make it easier to focus?

第一部分
轻松状态

EFFORTLESS STATE

导读
5 项要素，选择最省力的路径

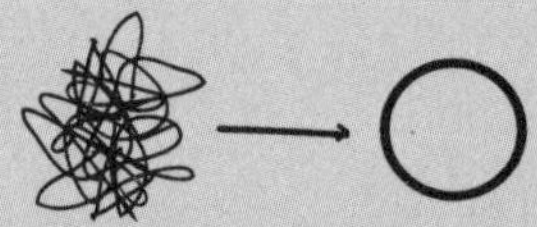

历史上最好的罚球手不是迈克尔·乔丹或者斯蒂芬·库里，而是艾琳娜·戴尔·多恩。她职业生涯的罚球命中率为 93.4%。这不仅是职业女子篮球联赛（WNBA）历史上的最高纪录，就算在美国职业篮球联赛（NBA）中，也是最高的。再看看她的季后赛纪录，你会发现，季后赛纪录的罚球命中率更高：96.4%。因此，她才是有史以来最好的罚球手。[1]

她的成功秘诀在于，始终遵循自己从八年级就开始练习的一套简单动作：走上罚球线，右脚找好位置，双脚平齐，运三下球，手臂弯成“L”状，然后把球举起、投出。“如果你能让自己的动作尽可能地简单，就不太容易出错，”她说。这套动作中最重要的部分是什么？“不要过度思考。罚球时最重要的事情是不能让太多的东西出现在你的脑海中。”换句话说，多恩的成功秘诀在于，她能够进入我所说的“轻松状态”。

我们的大脑就像一台拥有极强性能的超级计算机，天生就能够快速学习、凭直觉解决问题，并轻松地计算出下一个该做的动作。在理想条件下，我们的大脑以令人难以置信的速度运行着。[2] 但就像超级计算机一样，大脑的表现并不总是最理想的。想一想当硬盘被下载的文档和浏览数据塞满时，电脑的运行是如何慢下来的吧：此时的电脑仍然具有令人难以置信的处理能力，但它已不太适合执行一些基本功能。同样，当你的大脑被乱七八糟的东西，比如不合时宜的假想、负面情绪和有害的思维模式挤占时，你就没有多少脑力去执行最重要的任务了。

认知心理学中的认知负荷理论解释了这种情况。伦敦大学学院心理学和脑科学教授妮莉·拉维（Nilli Lavie）曾就认知负荷理论发表过大量文章，根据她的说法，我们大脑的运算空间很大，但也有限，每天能处理约 6 000 个想法。所以当我们遇到新的信息时，如何分配剩余的认知资源，大脑必须做出选择。我们的大脑天生会优先考虑那些“情感价值”高的情绪，如恐惧、怨恨或愤怒，这些强烈的情绪通常会胜出，因此，留给我们解决重要问题的脑力资源就更少了（如图 I–1 所示）。[3]

当你的电脑运行缓慢，你所要做的就是按下几个按键，清除所有浏览数据，机器的运转立即会变得更流畅。用类似的方式，你可以学习一些简单的策略来抛弃所有杂念，避免它们使你脑中的“硬盘驱动器”变慢。按下几个按键，你就可以恢复到原始的“轻松状态”（如图 I–2 所示）。

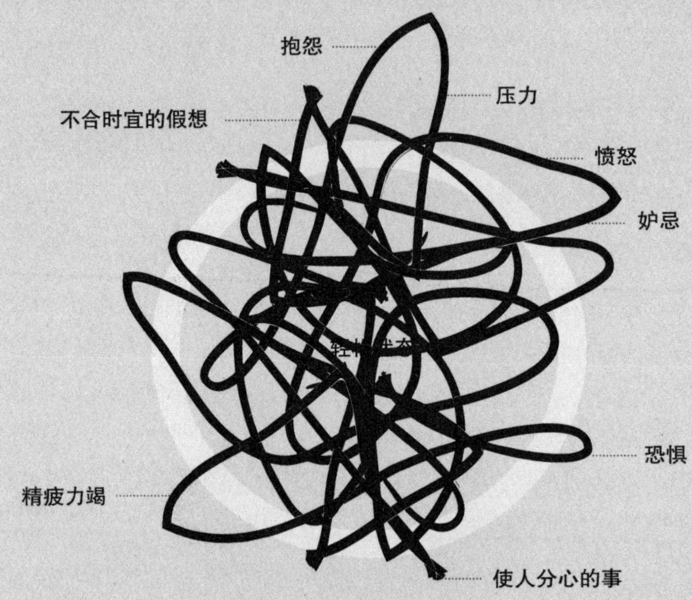

图 I–1　脑力资源受情绪挤占的状态

图 I–2　干净清爽的轻松状态

也许你已经体验过恢复到“轻松状态”是什么感觉。想象一下，漫长的一天结束了，你头痛不已，不记得手机或钥匙放在哪里了，哪怕是最小、最合理的要求也令你充满怨气。比如一位客户发来一条含混不清的语音留言向你询问某个信息，或者你的孩子想让你接他下钢琴课。此时，老板发来一条建设性的工作反馈让你立刻崩溃了——你确信自己就是个废物。你对自己的爱人也感到烦躁，找不到合适的话来表达你所感受到的重压。你很疑惑，为什么所有事情都这么艰难？但是，在一顿温暖的晚餐、一个热水澡以及一夜安眠之后，事情看起来全然不同了。你头脑清醒地醒来，感恩新的一天。你找到了你的手机和钥匙，没人动过它们。那条语音留言该怎么回复，你也很快有了思路，这其实也没那么令人犯难，而且你回复得很有风度。你在做你最想做的事，那就是接孩子下钢琴课，并且安静地坐在车里和孩子共处几分钟，聊聊钢琴课的收获。你知道该对你的爱人说什么了：“我很抱歉！请原谅我。”你感谢老板的反馈，并且你是真心的。就这样，那个充满活力的你又回来了。

当你回归“轻松状态”时，会感到身轻如燕、心如明镜。首先，压力更小了，重担卸下了。你不再处于重压之下。突然之间，你拥有了更多能量。同时，这也意味着眼前充满光明。当你卸下心中的负担，排除脑海中的杂念时，你就能更清晰地看待事物。你可以识别正确的行为，点亮正确的路径。“轻松状态”是这样一种状态：身体放松，没有情绪负担，精神保持振奋。你全神贯注，专注于当前最重要的事情，而且你能够轻松完成这些事情。

Effortless

第 1 章

倒置，
自觉追求“更容易”

永远选择最省力的路径。

Always seek
the easiest path.

“我要凌晨 4 点起床处理图片，有没有搞错？！”金·詹金斯（Kim Jenkins）想成就一番真正重要的事。但是，她总是感到压力巨大。一方面，她所在的机构正在经历一次大规模扩张。几年来，客户增加了一倍，然而他们还是靠着与过去几乎一样多的员工和资金在经营。随着机构的扩张，所有事情都变得更复杂了——新出台且难以解读的内部政策，用来掌控合规性的繁杂的新系统——工作流程变得很烦琐，现在他们所有的项目和程序都要耗费更多精力和时间。“好心办坏事”的人只多不少。工作不再像过去那样容易，它复杂得令人抓狂、复杂得毫无必要。因此，完成工作就需要付出非常艰巨的努力了。詹金斯有一种“自虐”的倾向。她说：“我认为，如果我没有付出极大的努力，没有牺牲掉我所有的时间，那我就是极度的自私。”

后来有一天，她突然醒悟。她发现，这一切本该可以更容易。意识到这一点之后，她说：“我明白这一切压力是怎么来的了，一层又一层不必要的复杂性在叠加。此刻我已经看清了这种复杂性持续扩张的过程，我被这种复杂性压得喘不过气来。”她认为是时候做出一些改变了。面对一项难以完成的任务时，她会自问：“有没有更容易的办法？”

很快，试验这种方法的机会就来了。一位老师打电话给她，问她能否让她的摄像团队去录制一整个学期的课程。如果是在过去，她会全力以赴，让她的团队工作四个月，并设法超额完成任务：添加音乐、片头和片尾以及制作图表。这一次，她想知道能否用更容易的办法来达到想要的结果。在与老师简短的交谈之后，她得知这些视频是单独为一名学生准备的，这名学生由于需要接受体育训练而不能每节课都到场。此次课程录制不要求多高的水准，只需要帮这名学生避免落下课程即可。所以詹金斯想："就让他们请另外一名学生用智能手机来录制那些课程行不行呢？""那位老师对这个解决方案很满意。"詹金斯说。就这样，她只花了两三分钟的时间去谋划这件事，就避免了她的摄影团队数月的工作量。

重要的事也可以是容易的事

很多时候，我们牺牲了时间、体力和脑力，并且确信这种牺牲是必要的。**问题就在于，现代生活的复杂性使人们用一种错误的二分法把事情粗暴地分为"重要且艰难的"和"容易且琐碎的"。大多数人奉它为铁律：容易的事情都不重要，艰难的事情才重要。**

一些日常用语更是深刻反映出我们这种偏见。想想这些耐人寻味的英文词组吧：当我们完成某些重要事项，会说付出了"血汗与泪水"（blood sweat and tears）；当我们描述重要的成就时，会说这些成就是我们"辛苦赢得的"（hard-earned），而我们本来可以只说"赢得"（earned）；当我们描述日常工作时，我们喜欢说经过了"一天的辛勤工作"（a hard day's work），而实际上"一天的工作"（a day's work）就足够清楚地表达我们的意思了。[1]还有一些常用语更是泄露了我们对“容易”的怀疑。当我们说到“易得之财”时，是在暗示这笔钱财是通过非法手段或者可疑的手段得来的。当我们试图否定他人观点时，我们会说“你说得倒容易”以示批评。我们似乎未经挣扎就默认了这些说法：“这件事做起来并不容易，但为之努力是值得的”，或者“虽然这真的很难实现，但我们应该努力”，这种默许令我感到惊奇。我们好像都自觉接受了这样的观点：正确的方式必然是更难的方式。

从我的生活经验来看，几乎没人质疑这一点。如果你挑战这些看似“铁律”般的偏见，可能会发现它并不容易被撼动。有些重要而有价值的事情，是否可以变得更容易？我们甚至根本没有停下来想过这个问题。“完成重要事项必须付出极大的努力”会不会是一个错误的假设，对我们造成了阻碍？相反，会不会有这样一种可能性：**某件事令人感觉困难，只是因为我们尚未找到更容易的解决方法？**

永远选择最省力的路径

我们的大脑会本能地抵制它认为困难的东西，而接受它认为容易的东西。这种偏见有时被称为“认知放松原则”（cognitive ease principle，由心理学家丹尼尔·卡尼曼①提出）或“最省力原则”（principle of least effort）。我们天生倾向于选择阻力最小的方法来实现我们想要的目标。这

① 人的认知能力容易受到多种外界因素的干扰，对此，卡尼曼在他的新书《噪声》中有精彩的论述。《噪声》的中文简体字版已由湛庐策划，由浙江教育出版社于2021年9月出版。——编者注

个原则起作用的例子很常见。我们倾向于在街角那家价格偏贵的便利店买东西，因为这比开车去物价低廉的商场更容易。我们倾向于把盘子扔在水槽而不是洗碗机里，因为可以少做一个步骤。我们倾向于允许十几岁的孩子在吃饭时发短信，因为强行禁用手机更容易引发争吵。我们在网上查询某个问题时，会倾向于采纳最先看到的那条搜索结果，哪怕这条搜索结果的可信度最低，因为这是获得答案的更容易的方法。这样的例子不胜枚举。

从进化的角度来看，这种对省力的偏好是有益的——在人类历史的大部分时间里，它对我们的生存和发展都至关重要。试想一下，如果人类偏爱阻力最大的路径会怎样？假设我们的祖先会发自本能地探究获取食物最难的方式是什么、为家庭提供庇护最难的方法是什么、在部族中维系关系最难的方式是什么，那他们是不可能成功活下来的！作为一个物种，我们的生存得益于对最省力路径的先天偏好。

如果我们能不去与“寻找最省力路径”的天生本能做对抗，而是拥抱甚至利用它，使它成为我们的优势；如果我们能不纠结于“应该怎样对付这个真正困难但又至关重要的事情”，而是直接把问题倒过来问“这个至关重要的事情是否可以变得容易呢”，结果会有什么不同？

过度努力让你更难得偿所愿

在我职业生涯的一个关键时刻，一家知名科技公司的客户让我做三场关于领导力的演讲。他们告诉我，如果一切顺利，他们准备在下一年或未来几年继续聘用我。这正是我所需要的职业突破。我很了解他们的需求，而且我有准备好的内容，他们也已经确认过了。

第一场演讲的前一天下午，我打算对演讲稿做最后的润色。它看起来已经很好了，但我担心它不够完美。我决定推翻一切，重新开始。很快，我被一个新的想法所吸引，我确信这个想法会令他们惊叹。最终，我熬夜重写了我的整个演讲稿，做好了新的幻灯片、新的讲义。当然，所有这些新的内容都是未经测试的。

第二天早上开车到那家公司的路上，我感到疲惫不堪，我的脑海中模糊一片。当我到达的时候，我已经筋疲力尽。演讲一开始，我就心头一沉。我的开场白毫无亮点，我对幻灯片也不熟悉，不得不频繁地回头去看屏幕，有一张开头部分的幻灯片也没能传达我想表达的观点。总之，我失败了。离开的时候，我感到胸中郁结。我本来已经得到这个绝佳的机会了，却把它搞丢了。这家公司取消了另外两场演讲，当然，也没有与我续约。这是我职业生涯中最丢脸的失败，永远都是。这段经历几乎把我搞垮，而我最后还没得到想要的结果。

我开始反思一切怎么会变得如此糟糕，答案是显而易见的。抓住这次演讲的机会对我来说非常重要，所以我想得太多了，设计得过分了，努力过头了。结果，我“反胜为败”。**我得到的教训是，努力过头会让我更难得到我想要的结果。我开始意识到，在人生中每一次失败的背后，我几乎都犯了同样的错误。我很少由于不够努力而失败，我失败都是因为我努力过头了。**

我们一直都习惯于相信这样的假设：要实现超出预期的成绩，必须付出超出预期的努力。结果，我们让事情变得比实际情况更难了。一定有更好的办法。

倒置思考，也许这事儿很简单呢？

德国数学家卡尔·雅各比（Carl Jacobi）以擅长解决棘手问题而闻名，他发现解决问题最简单的方法之一就是“Man muss immer umkehren”，翻译过来就是“倒置，永远倒置”。[2]

倒置是指把假设或者方法翻转过来，反向解决问题，思考“如果相反的情况是对的会怎样”。只从一个角度看问题会使你忽视其他显而易见的视角，倒置可以帮助你发现这些视角。倒置可以使我们思维中的错误凸显，打开我们的思路，让我们以新的方式做事情。假设“所有重要的事情都需要我们付出巨大的努力”是看待问题的一种方式。事实上，对很多成就非凡的人来说，这是唯一的方式。他们已经学会如何解决问题，哪怕是在疲惫不堪或备受压力的状态下，他们也善于通过强力推进来完成任务。倒置思考指的是从相反的角度看待问题，它意味着这样发问：“也许这事儿很简单呢？”也意味着学会在专注、清醒和冷静的状态下解决问题，更意味着善于付出更少的努力就能完成任务。

有两种方法可以帮助我们完成所有真正重要的事情：第一，获得超人的能力，这样我们就可以完成所有难到无与伦比却重要的工作。第二，把难到无与伦比却重要的工作变得更容易。一旦我们把问题倒置过来，那些看起来难以应对的日常事务也变得更容易了。比如，有一天我在整理我的办公室，当我扫视房间时，我看到一台最近替换掉的旧打印机，它已经在我办公室的地板上放了几个星期，很占地方。每次看到它在那里，我都很苦恼。但是，每次看到它，我都会想到处理它所需要的所有步骤：第一步，做出将它保留还是丢弃的决定；第二步，计算更换彩色墨水的成本；第三步，找到一个可以丢弃它的地方。每一次，这些步骤所涉及的工作都烦琐到足以令我的脑海中出现这样的抱怨："太麻烦了！"所以，很快，我就心甘情愿地让它继续待在地板上了。

然而这一次，我问自己：也许这事儿很简单呢？我假设的完成任务的必要步骤会不会都不是必要的步骤呢？我抬起头，碰巧看见窗外有一名建筑工人经过。我走出去，问他是否愿意免费带走那台打印机。他说可以，然后这台打印机就被带走了。我在提出倒置问题后不到两分钟，麻烦就解决了。

当我们感到无力应对时，可能并不是由于问题本身十分复杂，而是我们在头脑中把问题复杂化了。问自己这样一个问题："也许这事儿很简单呢？"这是一种倒置思考的方法，看起来容易得有些不可思议，但也正是因为它容易，才如此有用。

"无关紧要"的一击，轻松瓦解奴隶贸易

废奴主义者威廉·威尔伯福斯（William Wilberforce）心怀伟大的坚定信念，从事着一项艰苦卓绝而又重要的工作。作为 19 世纪初的英国议

会议员，他为反对奴隶制、争取道义而斗争。他对他那一代人发起号召，想通过全面立法来打击奴隶贸易，从而结束这种野蛮和不人道的制度。[3]然而，尽管付出了所有努力，倾注了所有热情，他却未能在法律层面取得丝毫进展。他的对立方很强大，一些有权有势的政党极力维持现状，一些人保持中立，无暇顾及废奴事业，还有一些人虽然关心这件事，但提供不了足够的帮助。推进废奴主义的阻力太大，奴隶制背后的利益关系盘根错节，干扰因素太多了。

后来，他的一位同是废奴主义者的同伴詹姆斯·斯蒂芬（James Stephen）想到一个主意。他没有继续正面攻击这个制度，而是采取了一个更迂回的方法。

1805 年，斯蒂芬写了一篇文章，题为“乔装的战争，还是中立国国旗的欺诈？”（War in Disguise or the Frauds of the Neutral Flags）。他在文中反对交战国在船只上使用中立国国旗。当时法国和英国处于交战状态，法国货船悬挂着中立国美国的国旗航行，利用海商法来保护他们不被敌人扣押。当时，大部分前往西印度群岛的贩奴船也悬挂美国国旗。根据当时的法律，这样他们就不会被英国海军拦截。斯蒂芬看到，如果英国修改法律，取消这种保护，就没有奴隶贩子敢让自己的船只去航行了。失去中立国国旗的保护，大多数英国奴隶贸易都会消失。斯蒂芬担心，如果提到奴隶贸易，他的观点可能会被驳回，因此他把文章内容集中在战争问题上。这篇看起来毫无争议的论述很快就发表了，基本上没有遭到反对。

事实上，这篇看似无关紧要、存心不露锋芒的文章是一个“特洛伊木马”。从 1807 年 1 月开始，受斯蒂芬的启发，英国枢密院颁布了一系列针对拿破仑的战争措施，并取得了预期的效果。[4] 随着当时英国内部的奴隶贸易逐渐被削弱，枢密院的这项举措很容易就带给奴隶贸易致命的一击。仅仅两个月后，1807 年 3 月 25 日，随着《废除奴隶贸易法案》（*The Abolition of the Slave Trade Act*）的通过，奴隶贸易被正式宣布为非法贸易。[5]

不可否认的是，有些目标对我们而言是几乎无法实现的，是难以企及的。但是，一旦我们找到一种间接的方法，这些目标的实现就可以变得不那么困难了。

美国西南航空公司在面对不同危机时也做过类似的事情。自从成立以来，西南航空公司的商业模式一直依赖于保持低成本和使飞机在降落后迅速周转，这两个目标与传统的机票打印系统并不相容。当时，旅客已经习惯了一种行业惯例，那就是在办理登机手续时拿到一张打印好的机票。不过，局限于当时的技术条件，这套系统为所有乘客打印纸质机票的成本很高，而且在登机口打印机票也很费时间，所以高管们不得不商讨，是否要花费 200 万美元打造一套现代票务系统。

打造现代票务系统似乎势在必行。管理层认为，如果公司不这样做，就有破产的风险。但对于一家低成本运营的航空公司来说，200 万美元的额外花销是对利润的一个巨大冲击，尤其是当这笔花销用在了那些除了迎合行业习惯以外没有实际用途的事情上时。

西南航空公司联合创始人赫布·凯莱赫（Herb Kelleher）坚称，必须找到更好的办法。“我们召开了一个管理层会议，试图弄清楚该怎么做，”他回忆说，“当时有人高声问道，‘我们真的需要在乎美国联合航空公司对机票的看法吗？我们自己对机票的界定难道不是更重要吗’，我们都本能地回答说，‘对，我们只在乎我们认为票是什么样子’。然后那位经理说：‘那我们不如干脆打印一张纸，将我们的机票定义成这种简单的形式。’”

他们就是这样做的。西南航空公司决定推行一种用普通纸张打印的、从毫无装饰的自动售票机上获取的“机票”，而不是浪费时间和资源打造一个昂贵的票务系统。他们只是对这个昂贵票务系统的复杂特点与功能的必要性提出质疑，就揭示出一个简单得多、便宜得多、更易执行的方案。

摆脱那些让问题看起来很难的假设，你会惊讶地发现，简单易行的方案会层出不穷。

不要“英雄主义”，只要轻松的成功

市场营销作家塞思·高汀（Seth Godin）曾经说过这样的话：“如果你感觉把一项业务推上坡非常困难，尤其是在刚起步的时候，那么不如试着问一句，为什么不去开启一项新业务，一项你可以推着下坡的业务？”[6]

领英的联合创始人之一里德·霍夫曼说过：“我逐渐了解到，商业战略的一部分作用是解决最简单、最容易且最具价值的问题。实际上，制定战略的过程本身在某种意义上就是解决最简单的问题。”**有些人认为，想要取得非凡的成功，就必须做一些困难和复杂的事情。恰恰相反，我们可以寻找价值高并且简单易行的机会。**

《赫芬顿邮报》的联合创始人阿里安娜·赫芬顿曾经相信，做任何有价值的事情都需要付出超出常人的努力。[7]但她后来又说，停止过度劳累的工作之后，她才获得了真正的成功。“我们有一种集体错觉，以为劳累过度和精力耗竭是获取成功必须的代价。”她说。当然，通往成功的艰难道路是存在的，克服重重困难之后获得成功的例子也是存在的。费尽九牛二虎之力把巨石推上陡峭的山坡，这是英雄主义，英雄主义总是造就伟大的故事。但这样的故事也制造了一种错觉，令人认为把巨石推上山坡是通往成功的唯一方式。之所以说是错觉，是因为，每当有一个人通过英勇付出而获取成功时，也有更多的人选择采取更简单的策略。**当我们放弃了对复杂的执念，即使微小的努力也能推进重要的事情。**

历史上最成功的投资人之一沃伦·巴菲特曾经把伯克希尔哈撒韦公司的投资风格形容为“怎么省事怎么来”。[8]他们并不期待投资那些需要付出巨大努力才能盈利的公司，而是一直在寻找那些“不用费脑子”的投资对象——业务上简单易行而且具有长期竞争优势的企业。用他的话来说：“我并不指望跳过7英尺的栏杆，我四处寻找1英尺的栏杆，让我可以一步迈过。”

当一个策略非常复杂，以至于推行起来的每一步都像把巨石推上山坡那样艰难时（如图1–1所示），你就应该暂停了。倒置思考，问自己：“实现这个目标最简单的方法是什么？”当我们去除了复杂的干扰项，即使最微小的努力也可以将重要事项向前推进。如图1–2所示，如果将微小的努力看成一个球体，那么这个球体的动量就会随着重力的增大而增大，这些微小的努力在执行层面上就变得非常轻松了。当我们把“更容易的道路是更劣势的道路”这种偏见搁置一旁，障碍就消失了。随着这些障碍的消失，我们就能找到自己的轻松状态了。

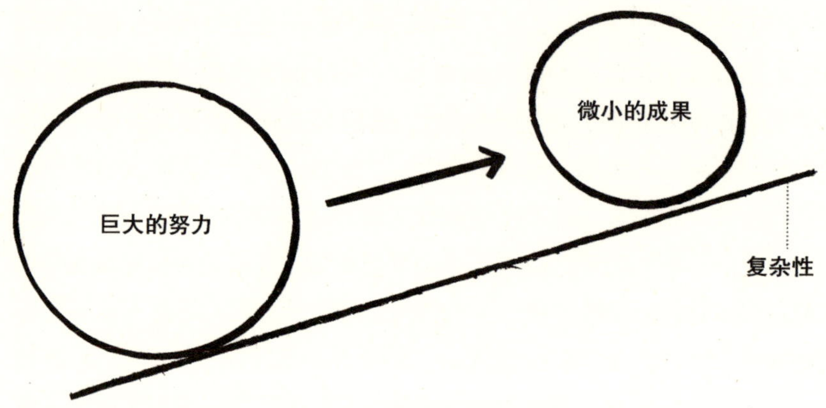

图 1–1　复杂的策略事倍功半

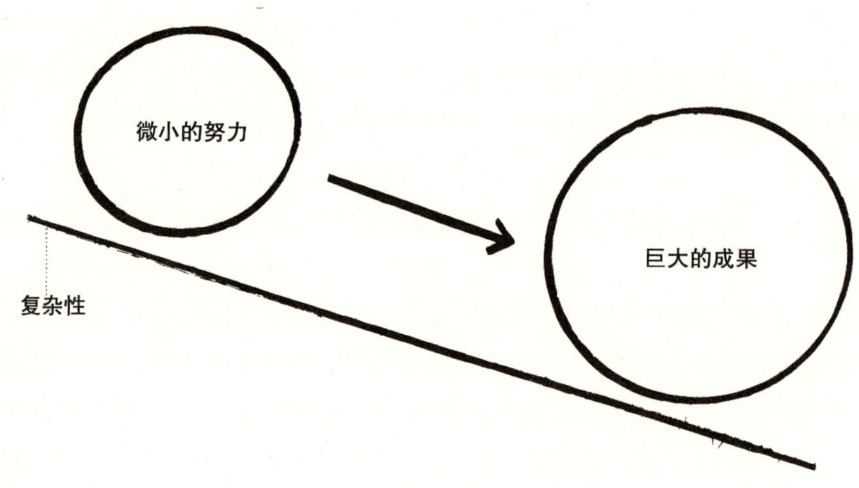

图 1–2　轻松的策略事半功倍

EFFORTLESS 轻松 TIPS

MAKE IT EASIER TO DO WHAT MATTERS MOST

1. 面对一项难以完成的任务时，自问："有没有更容易的办法？"

2. 如果将事情简单化，就不太可能出错。

3. 摆脱那些让问题看起来很难的假设，简单易行的方案会层出不穷。

4. 放弃对复杂的执念，即使微小的努力也能推进重要的事情。

5. 一旦找到简洁的方法，就可能破解无法达成的目标。

第 2 章

享受，“满足”不需要被延时

如果可以“享受”，
我们何必“忍受”？

Why would we simply endure essential activities when we can enjoy them instead?

1981 年，英国活动家简·图森（Jane Tewson）曾在苏丹的一个难民营被宣布死亡。她患上了脑型疟和病毒性肺炎，当时没有足够的药物可以医治她。据她事后回忆，当时她的灵魂在俯视自己的身体，然后重回身体之中。她“灵魂出窍”的体验被证明是一次重生，而且这种重生不只是肉体意义上的。

图森回到英国后，决心要为她目睹的苦难做点事情。她知道，要产生真正的影响力，她需要很多人的参与。但慈善机构在试图改变人们的观念、获取支持并最终筹集资金的过程中所面临的挑战，图森也很清楚。她知道，做正确的事情并有所贡献，这是人人都“想”做的事，但就像民谣歌手吉莉恩·韦尔奇（Gillian Welch）唱的那样：“我想做对的事情，但不是现在就做。”她也意识到，要求他人捐款可能就像拔牙，这对提出要求的人和被要求的人来说都是苦差事。

图森突然有了一个主意——一个将影响数百万人生活的主意：如果能进行一场“活泼、感人、有参与感和有趣的”慈善捐款，也许就能将捐款这个过程变得容易一些。她的主意是，把人们都喜欢做的事情，比如在电视上看喜剧，与穷苦之人的困境结合起来。

她创办的这家慈善机构的名字很有吸引力：喜剧救济基金会（Comic Relief）。这家基金会创办于1988年2月，以“红鼻子日”（Red Nose Day）而闻名。在此之前，图森已经和许多喜剧演员以及名人建立起联系。她找到英国家喻户晓的喜剧演员兰尼·亨利（Lenny Henry），亨利同意做这场活动的“头牌”。圣诞节这天，亨利在萨法瓦（Safawa）的一个难民营里正式宣布“红鼻子日”的诞生。

这场电视直播活动有超过150位娱乐界名人和喜剧演员参加，吸引了3 000万名观众，也就是说，一半以上的英国人都观看了这场直播。英国各地的人们纷纷购买红色的小丑鼻子，这笔收入将捐献给慈善机构。“红鼻子日”活动在一天之内募集了1 500万英镑。变成一项两年一次的例行活动之后，“红鼻子日”在随后的30年里，成功为非洲最穷困人口和英国的经济萧条地区筹集了10亿英镑。[1]

慈善捐助是一件严肃的事，但参与喜剧节日却能让人乐在其中，图森把两件事结合起来，让做慈善变成了一件更容易的事。这样做的效果就是，不但有更多的人参与“红鼻子日”，他们还期待着再次参与。

如果可以“享受”，我们何必“忍受”

我们会坚持做一件事情，往往并不仅因为这件事本身很重要，而更因为我们主动地盼望去做。这些事情也许是收听某一档播客节目，看一部喜欢的电视剧，唱卡拉OK，跟随我们喜欢的曲调跳舞，或者和朋友玩游戏。与此同时，也有一些重要的事情让我们难以坚持，因为我们有主观上的畏难情绪。这些事情包括锻炼身体、理财、晚餐后刷碗、回复电子邮件或语音邮件、参加会议，或者叫醒孩子去上学。并不是每一件重要的事都能令人感到愉快，但我们可以想办法让自己乐在其中。

为什么一旦某件事能让我们享受其中，它就会变得不再令人难以忍受呢？因为我们总是把“重要”的工作和“不重要”的娱乐严格区分（如图 2–1 所示）。

人们总说：“我要先努力工作，然后才可以痛快地玩耍。”对很多人来说，事情分为重要的事情和享乐的事情。但是这种错误的二分法会产生恶性循环的结果。首先，由于认定重要事项必然是乏味的，所以我们总是推迟或者完全逃避它们；其次，我们会对上述逃避行为反复感到内疚，因而会降低其他愉快体验所带来的乐趣。最终，娱乐变成了蒂姆·厄本（Tim Urban）所谓的“黑暗游乐场”。[2] 因此，把重要的工作和娱乐分开，会给生活增加不必要的难度。

然而，一旦我们抛弃了“对任何值得做的事情都必须付出艰辛的努力”这种理念，那么重要的工作就可以是令人愉悦的。**对于那些真正重要的事，如果我们可以“享受”，又为何要“忍受”？把重要事项和愉快的事项相结合（如图 2–2 所示），就连最沉闷、最难以应对的任务都可以变得轻松起来。**

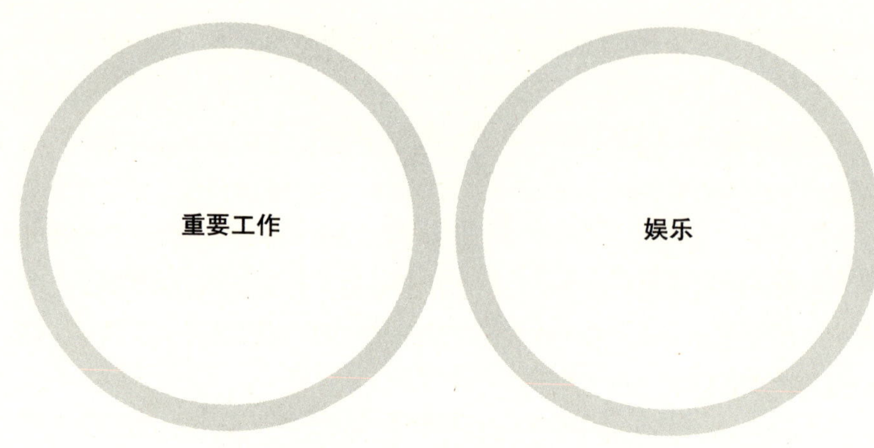

图 2-1　我们总是把重要工作与娱乐分开

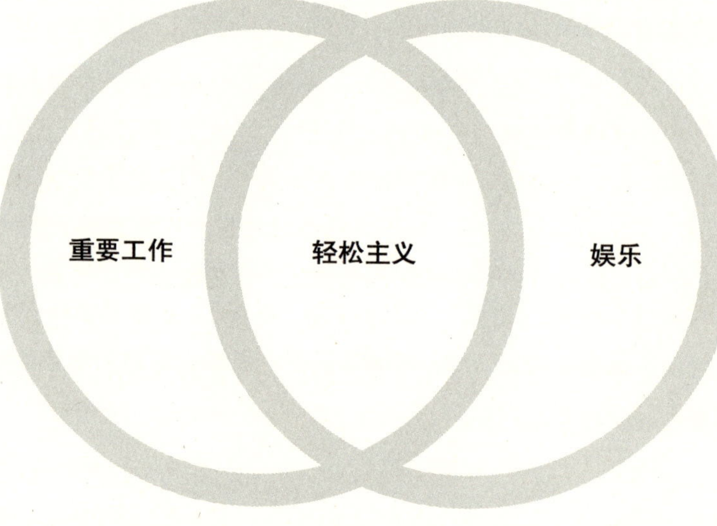

图 2-2　把重要工作与娱乐结合

不再延迟满足，现在就是快乐时刻

大家都知道，许多重要事项在进行的时候的确不太令人愉悦，但完成之后会为我们带来快乐。如果你锻炼身体、合理膳食，那么你最终会变得更健康，还能减轻体重。如果你每天坚持阅读，你的专业知识会逐渐增加。如果你定期冥想，最终会在生活中获得更大的安宁。但这些都是滞后指标，也就是说，在这些事情做完之后一段时间你才能体验到奖励，这段时间有时是几星期、几个月，甚至几年。

但是，完成重要事项取得的成果不一定非要事后才能享受，我们也可以在做事情的过程中体验到快乐：只需要把奖励叠加在重要事项上，缩短行动和奖励之间的滞后时间就可以了。

有一次，我旅行一星期回家之后，发现积压了一堆语音留言需要回复。最开始，我感到这项任务艰难而繁重，我的第一反应是："怎么会有这么多语音留言？"这也说明我当时实在太累了。但是接着我就意识到自己问错了问题，所以我转而问自己："我怎样才能让回电话这件事变得很享受呢？"只过了几秒钟，我就想到一个主意：边洗澡边回电话。这改变了我的整个体验，我的心情随之好了起来。当我告诉每个人我正在洗澡时，他们都笑了。给每个人回完电话之后，我甚至有点儿失落，我多希望有更多的电话要打。

罗恩·卡伯森（Ron Culberson）是一名多才多艺的演说家、作家和喜剧演员，他简直没有不擅长的事情。但是在"松木德比"（Pinewood Derby）中，他终于遇到了麻烦。"松木德比"是一项无动力、无人操控的微型车赛事活动。正如卡伯森所描述的："它是一项这样的竞赛：给那些年纪太小、不能使用刀和锯的小孩子们一个木块，好让他们的父母将其造成一辆赛车，去与其他家长制作的赛车竞争。不过，可别小瞧它，这是一项竞争非常激烈的赛事。还有一些网站出售'松木德比'获胜赛车的制作秘诀，价格不菲。"

当卡伯森年幼的儿子请他造一辆最快的赛车去赢得比赛时，他同意了。但是，这需要一种卡伯森不具备的本领：手工技艺。作为一名好父亲，卡伯森尽他所能组装了一辆能跑的车。虽然过程很是吃力，但他还是排除万难完成了。在比赛日，他们取得了倒数第一的名次。

但是他的儿子并没有退缩不前。第二年，儿子再一次请父亲为他造一辆最快的车。卡伯森的内心苦不堪言，但他还是竭尽全力完成了。这一次，他们获得了倒数第二。此时，他的儿子变得灰心，卡伯森也开始厌恶这个造车—参加比赛的过程。所以，当第三年的赛事来临时，他们采取了不同的方法。父亲和儿子达成一致，放弃追求速度，转而追求款式。这一年，他们把目标调整为赢得设计奖，而不是速度奖。

这个新思路改变了一切。卡伯森不喜欢努力制造一辆"最快的车"的过程，因为他并不擅长这一点。"在整个过程中，设计错误一个接一个出现。每一辆车都有很多严重的边角破裂、车轴损坏和溢胶问题，"他回忆说，"然而，当我们只追求款式的时候，我又恢复了信心。我的幽默天赋也更容易被激发出来，去想出一种有趣的、富有创造性的设计，而这对手工技艺没有太多要求"。

那年，他们设计了一辆冰激凌三明治造型的车，装在一个冰激凌三明治的包装盒里展出。它太有创造性了，成了比赛的焦点话题。不过对他们来说，这件作品完成得毫不费力。尽管没有赢得设计奖，但他们也没有在乎，因为这种经历所带来的愉悦本身就足以成为一种奖励。“在我们的工作和个人生活中有许多经历是无聊的、平凡的，甚至令人饱受压力。我们常常觉得除了忍受或逃避之外别无选择，”卡伯森说，“但是我们可以把那些过程分解成多个步骤，如果我们可以找到一种方法，让这些步骤更易承受，或者能变得充满乐趣就更好了”。

把最令人愉悦的事情与最重要的事情相结合，就会让人感觉到动力十足。毕竟，那些令人愉悦的事情你是无论如何都会去做的。你会坚持收看最喜欢的综艺节目，或者听你新发现的有声书，或者找时间在浴缸里泡个热水澡。所以，为什么不把这些事与在跑步机上跑步、刷碗或者回电话结合起来呢？显然，这种结合效果更好。但很长时间以来，你是不是都只凭借意志力迫使自己去做那些重要但困难的事情，而不是让它们变得有趣？

与我共事过的一位领导把每天在跑步机上锻炼视为一个必不可少的好习惯，但他总是很难每天坚持，后来他把这件事与一项从未间断的令人愉悦的日常活动结合起来：跑步的同时收听他最喜欢的每日播客。现在，他只要在跑步机上快走或跑步就会收听播客。与其在完成锻炼后奖励自己，不如在锻炼期间就奖励自己。自从他让这件重要事项变得令自己愉悦之后，他发现他可以更容易地坚持下去了。

每天晚上，我们全家会一起用餐。对我们来说，这是一个重要的仪式。我们在晚餐前祝贺并赞美彼此当天的成绩，一起祷告，这让吃晚餐成为一件令人愉悦的事情。但晚餐过后才是一切开始崩溃的时候。到了该清理餐桌、打扫厨房的时候，我们的孩子会偷偷地溜走，而且速度快得简直令人惊诧。他们就像忍者一样，悄无声息地溜回卧室。接下来就是令人不快的环节：我们要把他们一一叫回来去打扫卫生。这感觉不像是在育儿，而是像玩一场猫捉老鼠的游戏。他们还有令人无法反驳的借口，比如“我要上厕所”或者“我要做作业”。这太让人疲惫了，而且孩子们显然也不喜欢这样。他们不喜欢被别人发号施令，这令他们感到沮丧。家务必须要做，但没有人喜欢做家务，所以我们决定换一种方式。

我们把家务想象成一场游戏，一起创建了一个记分牌：每个人都被指派了明确的任务（比如擦拭所有桌面或者扫地）。每完成一项，就获得1分。经过几轮练习，比赛正式开始。那么发生了什么变化吗？什么也没有发生。晚餐结束了，孩子们又一次变回了神秘的“忍者”。直到后来，我的大女儿为这个游戏增添了一种新元素，这让一切都改变了。她打开了迪士尼经典作品的播放列表，里面都是那种让你想要跟着唱的歌曲。她把声音调大，这个家务环节变成了一场卡拉 OK 派对。

这变成了我们家的一项传统。无论哪一天，无论我们的心情有多么烦躁，我们都会一起愉快地享受这段家务时间。现在，如果你在我们的晚餐时间后来我家做客，你会发现我们引吭高歌《冰雪奇缘》里的《随它吧》（*Let It Go*），伴着《狮子王》里的《等我长大来当王》（*I Just Can't Wait to Be King*）起舞，在《木兰》里的《男子汉》（*I'll Make a Man Out of You*）中欢笑。这一切看起来就像电影《鸡尾酒》中汤姆·克鲁斯和布莱恩·布朗一起调酒的著名场景。我们扫地、擦桌子、洗洗刷刷、擦干餐具、放好碗碟，整个过程都伴随着我们的欢笑、舞蹈和歌唱。恰到好处的背景音乐的确蕴藏着不可思议的能量，它能让你在单调乏味的工作中保持最佳状态。

搭建“快乐积木”，在玩耍中产出

工作和游戏不仅可以共存，还可以互补。它们结合起来就能帮助我们更轻松地激发创造力，提出新颖的想法和解决方案。以奥利·柯克·克里斯蒂安森（Ole Kirk Christiansen）为例，他曾在修补空荡荡的仓库时产生了一个想法，这个想法最终将他陷入困境的木工生意变成一家玩具公司。他给自己的公司命名为“乐高”（LEGO），来自丹麦语“leg godt”，意思是“玩得开心”。

第二次世界大战破坏了玩具行业，但克里斯蒂安森没有放弃和关闭工厂，而是在塑料制品进入大规模生产时充分发挥想象力，最终开发出乐高的第一款“自动拼搭积木”。这个突破性进展成为一系列全新产品的先导。后来，克里斯蒂安森和他的团队邀请孩子们去他们的办公室，在观看孩子们玩耍时，克里斯蒂安森再度受到启发，开发出了整个“游戏系统”——配有人物、建筑、道路和汽车的城镇。这使他们的业务得到指数级增长。

直到今天，乐高的办公室仍然充满了喧闹和欢乐。这种“在玩耍中产出”的企业文化继续激发着他们的创造力，催生出世界各地的乐高主题公园、电子游戏、电视节目和乐高电影大片等衍生物。2015 年，乐高被评为“世界上最强大的品牌”。这也是一个强有力的例子，说明“尽情玩耍”可以让困难的工作变得轻松。

就像乐高创造的“自动拼搭积木”能够堆叠拼插成各种组合，你也可以把最重要和最令你愉悦的事项堆叠组合起来，构建新的更轻松的体验。

我和妻子安娜曾经列出20个各自的“快乐积木”，并彼此分享：

- 整理一个混乱的房间、抽屉或橱柜（在混沌中创立秩序，也就是整理归纳）。
- 听一首特定的歌，一遍遍地听。
- 吃杏仁黑巧克力。

这个列表很容易创建，一旦我们有了这个列表，就能更轻松地让那些重要事情在令人愉悦的独特体验中完成。

我们用一件极其重要但又特别乏味的事情来举例：每星期一次的财务会议。虽然是说“每星期一次”，但实际上它远没有那么频繁，经常由于各种其他事情被推迟。我知道，只要我们按时开会，就会有回报：一种财务状况良好的感觉。但是这种回报要在开会之后才会得到，这很容易让我们推迟会议。

有了“快乐积木”，我们决定建立一个会令我们有所期待的新体验：我们拿出了杏仁黑巧克力，单曲循环迈克尔·布雷（Michael Bublé）的《感觉良好》（*Feeling Good*）作为背景音乐。我们把它当作一次约会，而不是例行公事。就在这时，我意识到我之前忽略掉的一个会议细节：整个活动还涉及理顺一个混乱的领域，那就是家庭财务！仅仅是注意到“整理归纳”也是这次体验的一部分，就足以令我充满期待。我们把过去勉强忍受的任务变成了一个我们期待的仪式。

创造有灵魂的习惯，邀请快乐进入我们的生活

关于“习惯”的论述已经有很多，而关于“仪式”的论述很少。这些词语有时候可以互换使用，但行为经济学家们坚称，它们根本不是一回事。

仪式在某种意义上和习惯有相似的地方，比如它们都能表示“当我做某件事时，我也做另一件事”。但仪式有一个与习惯不同的关键点：你会在仪式过程中就体验到心理满足感。习惯诠释的是“做什么”，而仪式是关于“怎样做”。

仪式给习惯注入意义，以此使重要的习惯更容易保持。例如，近藤麻理惠（Marie Kondo）的整理术。她不仅让我们丢弃那些搞乱自己橱柜的东西，还建议我们进行一个丢弃的仪式。我们要感谢丢弃的物品，我们要回想它们是怎样创造了快乐。

她写道：“叠衣服这个行为远不止是让衣物更加紧凑以便收纳。这是一种关爱的行为，是对这些支持你生活方式的衣物表达一种爱意和欣赏。因此，叠衣服的时候，我们应该全身心投入，感恩衣物保护过我们的身体。”[3]

把衣服叠好让你松了一口气，把碍事的东西挪走为你带来了快乐，但你获得的回报比这更多，因为这个仪式不仅让你的衣橱变整齐了，也令你的整个生活都发生了改变。

有些仪式的意义超出了外部观察者能够完全领会的范围。阿加莎·克里斯蒂（Agatha Christie）一边洗澡一边吃苹果时写出她最好的悬疑情节；[4] 贝多芬每天早晨起床为自己准备咖啡时，会一粒一粒精准地数出 60 粒咖啡豆；[5] 恺撒时代的罗马人习惯于为日常生活的几乎每一件事都设计一种仪式，他们还为自己的首次剃须创造了一个“以须敬神”（depositio barbae）① 的宗教仪式。[6] 不管这些行为表面上看起来多傻，只要始终如一地坚持，就可以让我们获得平静，缓解我们的焦虑，并且用一种只属于我们自己的方式让我们恢复到轻松状态。

我们用自己的独特性定义着自己的仪式，这样，我们的仪式就拥有了灵魂。这些仪式能将一项乏味的任务变成一种创造快乐的体验。

当我们邀请“快乐”进入我们的日常生活时，我们不再渴盼着时光倒流，最值得珍惜的是当下的时光。当我们给无趣的任务增添一点儿小小的惊喜时，我们就不再像被监禁一样，期待着到底什么时候可以允许自己放松一下。总而言之，当下才是最好的。随着更多的生活瞬间被快乐和欢笑照亮，我们就更容易回到自然的轻松状态。

---

① 通常在21岁时完成。在这个仪式中，年轻人会把剃下来的一部分胡须放在一个特殊的容器里，敬奉神灵。——译者注

EFFORTLESS 轻松 TIPS

MAKE IT EASIER TO DO WHAT MATTERS MOST

1. 把重要的事和愉快的事结合起来，让最沉闷、最难以应对的任务变得轻松。

2. 不再延迟满足，把奖励叠加在重要事项上，缩短行动和奖励之间的滞后时间。

3. 搭建“快乐积木”，在玩耍中产出。

4. 用自己的独特性定义自己的仪式，将乏味的任务变成创造快乐的体验。

第3章

释怀，
雇用“感恩”，解雇“报怨”

积极情绪为我们创造
“上升螺旋”。

Positive emotions
create“an upward
spiral” for us.

看着镜子里的自己，我正穿着一套正版的冲锋队盔甲。这一刻，是我一个长达数十年的梦想的结局。6 岁时，我的一个哥哥在我脑海中植入了一个想法："像电影里的人物那样拥有一套真正的冲锋队盔甲岂不是很酷吗？"当时，电影《星球大战 3：绝地归来》（*Return of the Jedi*）的宣传正铺天盖地，再加上哥哥的任何意见都能迅速打动我，因此，那个想法烙进了我的脑海。它安静地待在那里，没有受到过质疑，直到 30 年后，我站在商店里，看着自己从头到脚穿戴着一整套冲锋队盔甲戏服的那一刻，我才清楚地意识到，其实我根本没想拥有一套冲锋队盔甲。30 年前，那个想法只是作为一个"待办事项"被添加到我的脑海里，潜藏在我的意识中。显然，它一直都在我的脑中，占据着我的精神空间。

有没有类似的事情"免费居住"在你的脑海中？有没有过时的目标、建议或想法，很早之前就潜入你的脑中，然后抢占了"永久居留权"？有没有某种已经过时但与你相伴甚久的思维模式，你甚至没有留意到它？安娜如今会用一个短语来形容我的这种经历。当我想对某个建议采取行动而没有经过适当的考虑时，她就会问我："这是一个'冲锋队盔甲'吗？"

小心！识别大脑中的“入侵者”

“冲锋队盔甲”有很多形式，比如萦绕心头的遗憾，挥之不去的怨恨，已经过期的期待。

这些脑海中的“入侵者”就像计算机后台正在运行的不必要的应用程序，它们减慢了计算机执行其他功能的速度。最开始，它们看起来好像不会影响你的反应速度和敏捷性。但是随着它们一个接一个地不停累积，你的“操作系统”运行速度终于缓慢下来：你想不起刚刚遇到的人的名字，同一段文字你读了又读却没有读进去，连去商店买什么东西这样简单的决策也让你头疼。这些微小的错误在你脑中留下的痕迹会被放大，使它看起来就像巨大的失败。为了夺回脑中的空间，我们需要把头脑中的“冲锋队盔甲”们打发走。

法国作家莫泊桑讲述过一个故事，主人公名叫梅特·豪切科恩纳（Maitre Hauchecone），他是一个勤勉的人，努力成为一名正直的社区成员。[1] 直到有一天，他被人诬告了，这个所谓的罪行是捡走了别人遗落在人行道上的钱包并且未能归还，实际上那只是一段绳子。他是无辜的，但谣言在邻里之间传播开来。很快，在他居住的镇里，人们开始对他指指点点，区别对待。总之，大家都开始排斥他。

诚然，被诬告对一个人造成的创伤是巨大的，但由于各种复杂的原因，事情的结局是他无力改变的，他本可以让这件事就此过去，宽恕那些拒绝听他解释的指控者，平静地原谅他们的错误，并以自己的清白自我抚慰；而且这样做的话，他本可以如他最初所愿，作为一个勤勉的人继续为他的社区提供有用的服务。然而，他放不下。他饱受困扰，甚至因此而病倒。这件事消耗着他、削弱着他，最后杀死了他。对于这种不公正，他内心充满怒火和愤慨，以至于没有了宽恕的余地。在他弥留之际，已经神志不清、精疲力竭的时候，人们还能听到他在痛苦地喃喃自语："一小段绳子，一小段绳子……"

当成为"不幸"的牺牲品时，我们总会为失去的东西而烦恼、哀愁和抱怨。实际上，抱怨是最容易的事情之一，它太容易了，以至于许多人抱怨起来就停不下来。有人约会迟到的时候会让我们抱怨，邻居太吵的时候会让我们抱怨，迟迟找不到停车位会让我们抱怨，看新闻的时候也会抱怨，等等。

我们生活在一种"抱怨文化"当中，通过表达愤怒来让自己兴奋，尤其是在社交媒体上，人们总是在对那些不满意和不能接受的事情进行无休止的抱怨和哀叹。即使我们没有直接参与其中，它仍然会影响我们。吸多了这种情绪上的"二手烟"，我们就会患上情感上的"癌症"。于是我们开始察觉到自己生活中更多的不公，这些都是在我们头脑和心灵中占据宝贵空间的"冲锋队盔甲"。

你有没有发现，你抱怨得越多、看到和听到其他人的抱怨越多，就越容易找到可抱怨的事情？从另一个角度来说，你越是懂得感恩，就有越多值得感恩的事情？抱怨是典型的"容易但不重要"的事情。事实上，它是我们能做的最容易的事情之一。但像这种有害的想法，不管多么琐碎，都会迅速积聚，它们侵占的精神空间越大，你恢复到轻松状态就变得越难。如图 3–1 所示，当我们专注于我们所缺乏的，就会失去我们所拥有的。

当你专注于感恩某件事的时候，效果是即时的。它能帮你从后悔、对未来的担忧、落后的感觉等“匮乏状态”，立即转换到“拥有状态”，比如什么事情正进展顺利、你正在取得什么样的进步、此刻存在哪些可能性。它使你想起那些任由你支配的所有资源、财富和技能，因此，你可以支配这些东西更轻松地去做最重要的事情。

感恩有一种强大的力量，它使消极情绪失去赖以生存的氧气。无论何时何地，当它起作用时，还会形成一个积极的、自我维持的系统，当我们专注于我们所拥有的东西时，我们会拥有得更多（如图 3–2 所示）。

芭芭拉 · L. 弗雷德里克森（Barbara L. Fredrickson）的“拓展—建构理论”解释了为什么会这样。[2] 我们的积极情绪会为我们展现新的视角和可能性，① 我们的包容和开放会鼓励更多创造性的想法，并改善各种社会关系。这些事情改变着我们，帮我们解锁了新的身体、心智、精神和社会资源，创造了弗雷德里克森所说的“上升螺旋”，提高了我们应对下一次挑战时的胜算。

---

① 积极情绪能让我们更坚韧。怎样提升并利用自己的积极情绪呢？请阅读芭芭拉 · 弗雷德里克森所著《积极情绪的力量》，这本书的中文简体字版已由湛庐策划，由中国纺织出版社有限公司于2021年1月出版。——编者注

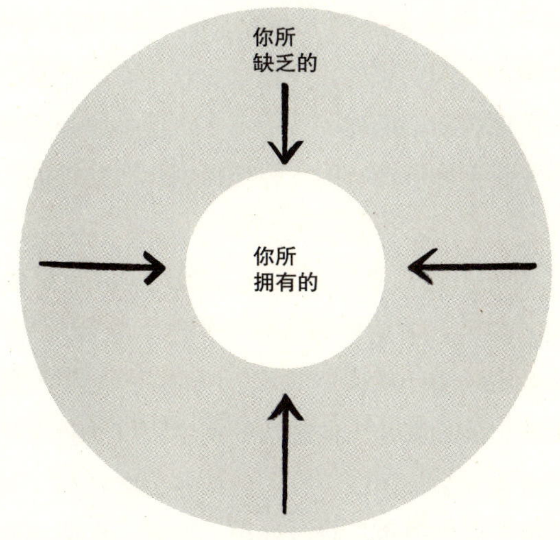

图 3-1　当你专注于你所缺乏的，你会失去你所拥有的

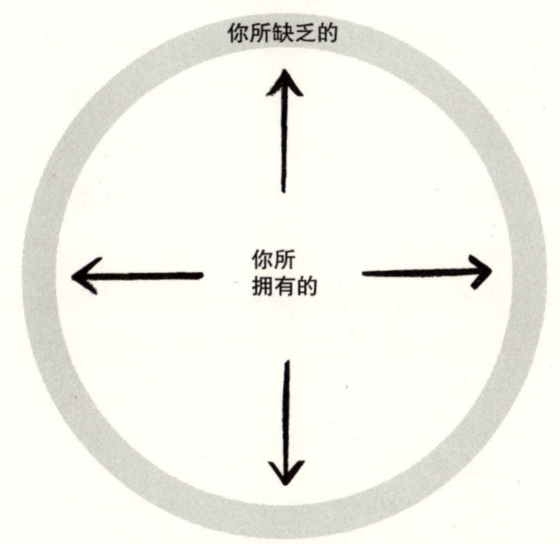

图 3-2　当你专注于你所拥有的，你会得到你所缺乏的

当你这样做时，受益的不只是你一个人。当你向他人表达感激时，你会看到他们的脸上出现了笑容，他们看起来没有那么多顾虑，也更加放松，因此，一个良性循环就形成了。当你专注于你所缺乏的，你会失去你所拥有的。当你专注于你所拥有的，你会得到你所缺乏的。

抱怨也创造了一个自我维持的循环系统，但这个系统不是让重要的事情更容易完成，而是让事情更难，是一个“下降螺旋”。当我们遇到负面情绪时，思路会变狭隘，就像“战斗、逃跑或冻结”[①]理论那样。这时候，我们对于新的想法和其他人的想法的接纳程度就会下降，我们个人的身体、心智和精神资源会被削弱，我们的储备会被耗尽，最初激起我们抱怨的那些挑战或挫折会变得更加难以处理。因此，事情会进入恶性循环。

吉姆·柯林斯（Jim Collins）用飞轮的比喻来演示一个自我维持系统是如何创建的：“你使出的力气没有推动第一圈时用的力气大，但飞轮越转越快……”[3]他补充说：“2圈……然后4圈……然后8圈……飞轮的势能在增强……16圈……32圈……越转越快……1 000圈……1万圈……10万圈。然后它在某个时刻爆发了！飞轮以几乎无法停止的速度转了起来。”[4]

简言之，如果维持一个系统运转所需投入的能源越来越少，那么这个系统就变成了一个自我维持系统。一旦这种自我维持启动了，维持这个

---

① 1920年，美国生理心理学家沃尔特·坎农（Walter Cannon）将面对危险时的急性应激反应描述为“战斗或逃跑”（fight or flight）。后来该理论发展成为“战斗、逃跑或冻结”（fight, flight or freeze），乃至“战斗、逃跑、冻结或讨好”（fight, flight, freeze, and fawn）。它指的是面对危险时几种不受控制的本能反应。这些反应可以在特定的时刻达到特定的目的，但有时候也会妨碍人们做出最佳的行动选择。——译者注

系统的难度就降低了，然后系统的运行就会变得容易起来，一切既高效又轻松。

掌握“习惯处方”，感恩你所得到的

安娜曾经有一名同事，这名同事令安娜十分头疼，她经常批评安娜，抱怨她们的工作，还说自己多么想辞职。无论在情感上、精神上还是身体上，这些抱怨都是一种消耗。但是安娜对待工作很投入，她想做的并不只是应付同事的情绪，而是希望与同事建立一种更积极、更有成效的关系。

对于安娜来说，陷入一种消极情绪之中很容易，晚上回家之后对我倾诉一个爱抱怨的女同事也很容易，但是安娜打算积极地在同事身上寻找值得感恩的东西。起初，这很难办到。但是后来安娜意识到，如果稍微改变一下看问题的角度，这名女同事身上的很多负面因素，都可以转变成正面因素。

当这位女同事谈到怀念自己以前的工作时，安娜会感恩同事能对她积极评价曾经的工作。当同事抱怨她们正在做的工作时，安娜会感恩同事至少还在做这项工作，而不是停下来。当同事批评他人时，安娜会感恩她的言论的确都有理有据。

安娜养成这样的习惯之后，变得越来越容易看到这位女同事的优点，安娜开始称赞她，这是她没有想到的。不难想象，这位女同事在办公室通常是得不到多少正面回应的，而安娜给她的回应似乎改善了她的情绪。时间久了，她开始信任安娜，她们慢慢变成了朋友。她们不只是可以相互包容、一起完成任务的同事，她们还成了朋友。时至今日，即使已经不在一起工作，她们的友情还在继续。

斯坦福大学行为设计实验室的创始人 B. J. 福格（B. J. Fogg）说，创建一个新的习惯，我们只需要找到一件我们已经做过的事情，然后将一个新的行为加入其中。他把这称为“习惯处方”，最简单的版本是：“做完事件 X 之后，我会做事件 Y。”①

我们可以应用这个理念让感恩变成一种习惯，我们只需使用下面的“处方”：抱怨之后，说一些值得感恩的事情。

当我开始应用这个“处方”的时候，我非常震惊地意识到我有多么爱抱怨。我原本认为自己是一个积极乐观的人，但当我开始用我的“习惯处方”来观察自己的言行时，我发现自己甚至经常在无意识的情况下就开始抱怨了。所以我决心在每一句抱怨之后都加入感恩的话。当我发现自己在说“今天在机场过安检时真麻烦”时，我会加上一句“我很感恩能够平安飞行”。当我发出“我儿子还没开始做数学作业”的牢骚之后，我会说“我很欣慰他对正在阅读的新书如此感兴趣”。在我哀叹“我本以为这星期我会减掉更多体重”之后，我会说“我很感恩我一直在关注着自己的体重和健康状况”。

---

① 如何开出自己的“习惯处方”呢？B.J.福格在他的最新作品《福格行为模型》中给出了详细的答案。这本书已由湛庐策划，由天津科技出版社于2021年10月出版。——编者注

使用这个“习惯处方”几天之后，我注意到，我开始在抱怨到一半的时候突然住嘴，然后马上用感恩的言辞结束这句话。不久之后，当我只是心里想抱怨时，我就会打断自己，然后想一些值得感恩的事情。这样的转变最开始是刻意而困难的，后来，它依然很刻意，但没那么难了，最终，它变成了一个能轻轻松松坚持下去的习惯。

“解雇”怨恨，释怀你无法改变的

克里斯·威廉姆斯（Chris Williams）知道他生命中最重要的东西是什么。[5] 对他来说，家庭不仅是他生命中最重要的，而且是唯一重要的。

那是 2007 年 2 月一个寒冷的夜晚，威廉姆斯驾驶的汽车被一个古怪的未成年司机从侧面撞上。威廉姆斯的妻子、未出生的孩子、9 岁的女儿和 11 岁的儿子均在这场车祸中丧生。他 6 岁的儿子受了重伤，另一个 14 岁的儿子在车祸发生时正在朋友家里，但在那天以后，他们的人生改变了。

我们都曾预料，这段经历将吞噬威廉姆斯的身体和精神，我们谁也不会由于他的悲伤和暴怒而怪他。这是一种自然而然的推想：怨恨会包围他，给他留下伤痕，并一直伴随他几十年。正是因为这种推想的反衬，令威廉姆斯的选择显得如此惊人。车祸发生几分钟之后，威廉姆斯坐在一堆扭曲的金属和伤亡的躯体之间，心中像风暴眼①一样平静。那个平静的时

① 风暴眼，即风暴中心的直径约30千米～65千米的圆形区域。热带风暴的外围风速可达100米/秒，而风暴眼内比较平静。——译者注

When you focus on what you lack, you lose what you have.

当你专注于你所缺乏的，
你会失去你所拥有的；

When you focus on what you have, you get what you lack.

当你专注于你所拥有的，
你会得到你所缺乏的。

刻并不是出现在第二天，也不是出现在一年以后，而是车祸发生后的几分钟内。当时，就在那个常人难以想象的惨烈场景之下，威廉姆斯看到自己未来生活的两种可能走向。

第一种走向，是从那个时刻起，他沉溺于自己的愤怒和怨恨之中。他知道，如果选择这样的生活，那么就意味着他的余生都将背负这些情绪上的包袱。这些包袱会传递给他幸存的儿子们，造成可能永远无法愈合的情感创伤。

第二种走向，是卸下这些包袱。在这样的生活中，他可以和他幸存下来的孩子们在一起，直到他们所遭受的身心创伤得到恢复。这种生活会帮他们重新找到目标，因此也会更有意义。在那个时刻，这可能是更艰难的选择，但毫无疑问，这个选择将导向一种更轻松的生活。

在那个非同寻常的时刻，他决定宽恕。这并不表示他没有愤怒，或者没有痛苦，因为他两者都有。但他没有沉浸在怨恨和暴怒之中，让这份情绪更难承受。相反，他选择让自己的精神和生命力得到解脱。

你是否怨恨过伤害你的人？你是否浪费了宝贵的精力去生气、痛苦、烦闷或怨恨？你的伤口溃烂多久了，数周？数月？数年？数十年？你可以有一种完全不同的处理模式，就像威廉姆斯的故事所展示的那样。在经历那样不堪设想的悲剧之后，威廉姆斯都能够选择宽恕，我们当然也能放下一直以来的怨恨，因为怨恨会让我们更难专注于我们真正关心的事情。我们可以迈出全新的第一步，试着提出一个不寻常的问题：我“雇用”怨恨这种情绪都做了些什么事情？

被誉为世界顶级管理学思想家的哈佛商学院教授克莱顿·克里斯坦森（Clayton Christensen）曾说，人们并不是真正地购买产品或服务。相反，人们是“雇用”它们来做事的。[6]类似地，我们经常雇用怨恨去填充一种当前尚未得到满足的情感需求，但是当我们进行“业绩评价”时，我们会发现怨恨表现不佳。**怨恨耗费了我们的资源，但并没有给我们的投资带来令人满意的回报。所以，我们必须把怨恨“解雇”掉。**

有时候，我们会雇用怨恨来让自己感觉有控制权。我们设法向自己和他人证明我们是对的、他们是错的。最开始，这种做法会让我们感到优越，甚至强大。它带给我们一种控制感，但这种感觉稍纵即逝且不真实，因为实际上是怨恨在控制我们。就像电影《指环王》中葛力马·巧言对洛汗国国王的支配那样①，怨恨假装屈从于我们，但实际上接管了我们。它让我们陷入无休止的责怪、自以为是和自我厌恶的循环。[7]

有时候，我们会雇用怨恨来博取关注。当人们听到我们受到伤害的故事时，我们得到了他们的支持和同情。我们备受激励，于是一遍又一遍地讲述我们的遭遇。在那种情况下，这种情绪的宣泄很容易，甚至能够令人得到一时的满足。但同时，它还会带来一种无法令人满意的后果：在收获别人同情的同时，还会收获别人的厌倦。这就是你总要不停地找新的人来宣泄情绪的原因之一。

有时候，我们会雇用怨恨来让我们摆脱困境。只要我们有可以指责

---

① 在电影《指环王》中，葛力马·巧言曾经是洛汗国将领，他用萨鲁曼之魔咒使国王变得虚弱。——编者注

的人，我们就不必为自己的愤怒负责。我们被默许沉溺于消极感受之中，而不需要向任何人证明这样做是合理的。同样的道理，这种做法在短期内能让人感觉自由，但从长远来看，我们得到的“奖赏”不是自由，而是被生活中的愤怒、怨恨、蔑视和消极情绪监禁。

有时候，我们会雇用怨恨来保护自己。我们认为，对他人或曾经伤害过我们的人保持警惕，就能保护自己免遭再次伤害。我们认为怨恨会制造出情感上的盔甲。但这其实也是一个骗局。怨恨使我们更易受伤害、更加恐惧，让我们更难信任和接纳他人。

我曾经在一家利润丰厚的公司工作。在他们的经营下，每个人可以创造 100 万美元的收益。当我们讨论如何在扩大企业规模的同时保持企业家精神和精益管理时，我提出了一个我认为可能有点儿残酷的经验法则：“不忙于雇用而忙于解雇。”[8] 这不仅是企业成长的优秀经验法则，也是建立“无怨恨”生活的优秀经验法则。对于怨恨，我们应该不忙于雇用，或者根本不雇用，而忙于解雇它。

一份诊断结果给我的朋友乔纳森·卡伦（Jonathan Cullen）带来了如同火车撞击一样的震撼。[9] 他尚未出生的儿子特里斯坦（Tristan）患上了唐氏综合征。出生之后，特里斯坦在新生儿重症监护室度过了好几个月，与危及生命的健康问题作斗争。乔纳森对局势的控制力一天比一天弱，而且他越是感到无助，就越被担忧淹没。他的一些朋友挺身而出，给他送饭，给他打电话，给他提供支持和安慰。但另一些朋友消失了，这种反应令乔纳森和妻子感到困惑。

经过几个月的煎熬之后，乔纳森意识到他必须接受朋友们的行为。他知道自己无法改变他们，他所能做的就是接受现实。

那些总是在危机时刻挺身而出、伸出援手的朋友，正是那些不需要去求助就主动打来电话、送来食物、预测他和妻子需要什么的人。与此同时，那些在自己的生活中遇到困难时倾向于逃避的、态度更加冷漠的朋友，正是那些没有向他们提供帮助的人。他们这种行为可能并非出于恶意，但是却与他们的行事风格很相符。所以，也许乔纳森根本就不应该对此感到意外。

美国作家、诗人马娅·安杰卢说过:“当有人向你展示他们是什么样的人时，第一次就相信他们。”所以乔纳森开始接受朋友们的行为，他放弃了不切实际的期望，接受了现实的当下和未来。直到那时，他才发现，真正的接纳是他迈向人生新轨道的必要的第一步。正如美国作家、翻译家亨利·沃兹沃思·朗费罗所写过的句子:“毕竟，下雨的时候，一个人所能做的最好的事情，就是让雨落下。”

当我们对伤害自己的人放下惩罚的念头时，被释放的并不是对方，而是我们自己。当被怨恨与抱怨包围的我们放下包袱，转而追求慈悲和同情时，这并不是一种简单的等价交换，而更像是一种修行。因为伴随着每一次微小的改变，我们都会更接近轻松平静的状态。

EFFORTLESS 轻松 TIPS

MAKE IT EASIER TO DO WHAT MATTERS MOST

1. 当我们对伤害自己的人放下惩罚的念头时，被释放的并不是对方，而是我们自己。

2. 当你专注于你所缺乏的，你会失去你所拥有的；当你专注于你所拥有的，你会得到你所缺乏的。

3. 掌握“习惯处方”——在抱怨之后，说一些值得感恩的事情，让感恩变成一种习惯。

4. 积极情绪会为我们展现新的视角和可能性，提高应对下一次挑战时的胜算。

Effortless

第 4 章

休息，有规律地“无所事事”

与身体的自然节奏和解。

End our war on our bady’s natural rhythms.

杰里·斯韦尔（Jerry Swale）是一名眼外科医生，对待工作，他很久以来的态度都是大包大揽。据他的妻子回忆，他有时会双手抱头坐在那里说：“我做不完！我做不完！”但是接着又站起来宣布：“我必须做完！”紧接着他会拼命地强迫自己去做更多的事情。但是在56岁的时候，斯韦尔开始出现一些健康问题——比如手上长了皮疹，这对他的外科医生职业生涯都产生了影响。他知道自己应该去看皮肤科医生，但工作太忙了，在他超负荷的生活中，甚至连预约医生的时间都没有。终于，在一次与妻子的长途旅行中，斯韦尔意识到，像看皮肤科医生那种空闲不会在生活中凭空出现。想要得到他所需要的医疗帮助，他就必须为此创造空闲。这意味着，从他记事以来，他不得不第一次把照料自己排在照料病人前面。于是，他和妻子一起搞清楚了什么是他真正所需要的，以及他该如何去做。他告诉办公室里的每个人他需要减少工作时间，结果，他获得了大家的支持。

从教会事务中脱身比较难。但是，新的认知让斯韦尔明白，他在疲劳状态下无法真正地服务他人，于是他离开了教会服务组织，并向人们解释了原因。没过多久，另外三名不堪重负的人也辞职了。看起来好像是他给了这些人提出辞职的机会。

斯韦尔去看了皮肤科医生。他开始每天骑车，这是他喜欢做的事。他开始每晚睡 8 个小时。相比之下，他过去只睡五六个小时，还狡辩称自己“只需要睡这么多”。不久之后，斯韦尔的生意伙伴退休了，他只提前了一个月通知斯韦尔，让斯韦尔接管他所有的病人。如果是在精疲力竭的状态下承担额外的责任和工作量，这很可能让斯韦尔崩溃。斯韦尔的妻子回忆说，如果是一年前，“那种压力可能会让他心脏病发作”。幸运的是，斯韦尔精力充沛，能够相对轻松地面对挑战。他对自己能做什么和做不到什么都有清醒的认识。他能够更快地做出决策，并且更有效率地执行。放松是对抗重压的良药，这让他一直处于轻松状态中。

高效休息，掌握“无所事事”的艺术

我们需要学习怎样休息，这可能听起来很奇怪。但在我们 7×24 小时随时待命的文化中，有些人根本不知道如何休息。具有讽刺意味的是，对他们来说，“无所事事”是极为困难的。美国职业棒球联盟的队伍之一洛杉矶天使队（Los Angeles Angels）的主教练乔・马登（Joe Maddon）发现，职业棒球运动员往往就属于这类人。

马登在天使队工作了 31 年，期间担任过很多职务，包括主教练、球探、巡回击球教练、板凳教练和一垒教练。你可能会以为他倡导无休止的努力，当然，根据马登的说法，很多球员确实被教导要做到这一点。他说："从小联盟[①]上来的位置球员会被要求早早来到棒球场，每天进行击打练习，并在比赛开始前几个小时就做好准备。"但棒球赛季是漫长的，有162场比赛。球队可能会在一个半月的时间里每天都进行比赛。到了秋天，季后赛来临时，很多球员已经筋疲力尽。

然而，马登看到了另一种放松方式所具有的优势。他说："上个休赛期，我没有足够的机会'无所事事'。我想得到一个更好的'无所事事'的机会，我的意思是这种休息是积极的。如果能获得这个停工期，就可以好好地'无所事事'，这就是我的目标。"他将"无所事事"的理念贯彻给球员，其中一个方法是策划了"美国军团周"。这一周被定在8月最热的时候，那正是球员们表现下滑的一段时间。但马登不会在赛前来一场几小时的突击训练，反而会告诉球员们，只需要比赛前出现在球场就好。他鼓励球员们睡个懒觉，小睡一会儿，精神饱满地来比赛，就像他们十几岁时参加美国军团业余棒球赛那样。

马登并非不关注球员们的最佳状态。他当然想拥有一支由精英球员组成的球队，打出他们职业生涯的最佳表现。但他相信，有规律的"无所事事"是实现那个目标的最佳方式。他说："这种方式会让球员们的头脑在比赛时处于更加清醒的状态。如果头脑更清醒，他们将会打出一场更漂亮的比赛。"

---

① 美国职业棒球联盟有大联盟（Major League Baseball，MLB）和小联盟（Minor League Baseball，Minors）之分。每支大联盟球队都有"激活名单"和"扩大名单"。从2021赛季开始，激活名单上的球员为26人，可以在大联盟登场比赛。扩大名单为40人，包括激活名单上的26名球员，另外14名球员则在小联盟登场比赛。有需要时，球队会将小联盟球员上调到激活名单。——译者注

马登的方法不仅对洛杉矶天使队产生了变革性的影响，也对过去 10 年来他所执教的其他球队产生了影响。对坦帕湾魔鬼鱼队实行“美国军团周”策略之后，这支球队在一年之内闯入了世界职业棒球大赛①。当他把这个方法带到芝加哥小熊队，他们在随后的 4 年里赢得了全联盟最多的比赛，包括 2016 年的世界职业棒球大赛冠军。令人难以置信的是，在 5 年的时间里，马登的小熊队赢得了“美国军团周”24 场比赛中 21 场的冠军。

最新的生理学研究结论支持了马登的这种反直觉行为：研究表明，让精力的消耗和恢复保持一种规律的节奏，才能带来身体和精神的巅峰表现，这种结论不只适用于运动员。研究还发现，表现最好的运动员、音乐家、棋手和作家都在以同样的方式磨炼他们的技能：他们都在上午训练，训练分成 3 段，每段不超过 90 分钟，每段训练之间都会有休息的时间。相比之下，休息不足的人表现就没有那么好。

学会放轻松是一种责任。该研究的第一作者 K. 安德斯 · 埃里克森（K. Anders Ericsson）[1] 总结道：“为了从长期的训练中获得最大化的收益，个人必须避免疲劳过度，而且必须把训练限制在当天或一星期内身体就可以完全恢复过来的强度之内。”

我们很多人都在做得不够和做得太多之间的拉锯战中挣扎。你是否有过这样的经历：有一天，你把自己逼得太狠，超过了疲劳的极限，第二

① 世界职业棒球大赛（World Series），美国职棒大联盟的总冠军系列赛，7场4胜制，通常在每年10月举办。——译者注

天早晨醒来时，你精疲力竭，感觉自己需要一整天来休息。为了使这种恶性循环停下来，试试这个简单的法则：今天的消耗不要超过今天所能恢复的限度，本星期的消耗不要超过本星期所能恢复的限度。

我们先是错过了能量循环已尽的信号，接着，我们会忽略注意力的缺失、精神不振，以及焦躁的情绪变化，然后，我们会补充能量，我们会用一些人为的方式来帮助自己挺过能量低谷，例如尝试通过咖啡因或糖分来补偿自己，但是最终疲劳还是会缠上我们，让一些重要的工作变得比原来更难了。

比较简单的方法是，我们可以通过不断的休息来补充体力和脑力，我们可以在一天当中安排一些固定的休息时间，这能让我们像那些行业顶尖人物那样，从身体的自然节奏中获益。我们可以用下面的方法来做出尝试：

1. 把上午的时间用于重要工作。
2. 把工作时间分为 3 段，每段不超过 90 分钟。
3. 每两段工作时间之间进行短暂休息和恢复。

睡眠不足会杀死我们

凯特琳·戴维斯多特来自冰岛雷克雅未克（Reykjavík），作为一名体操运动员出身的 CrossFit[①] 选手，她的目标是赢得 CrossFit Games 的世界冠军，获得“世界上最健美的女性”的称号。

2014 年，戴维斯多特离世界冠军只有几步之遥，但她止步于此。她手臂上的每一块肌肉都紧绷着。再完成一次向上的动作，她就能晋级，但她脱手了，摔在了地板上。戴维斯多特被允许再试一次。但那个时候，她的情绪和心理都已经崩溃了。她又试了一次，可是没能成功，于是她放弃了。

第二年，戴维斯多特决定聘请本·伯杰龙做她的教练。当我在播客上与伯杰龙交谈时，我问他关于 2014 年比赛的事情。他告诉我，如果戴维斯多特能够多花哪怕一分钟的时间进行身体上的休息和心理上的重新调整，她都会完成那次攀爬，进入决赛。想想看：只花一分钟进入正确的状态，即轻松状态，就能利用身体惊人的快速恢复能力，使她在那一天的表现截然不同。所以伯杰龙立即改变了对戴维斯多特的训练方法，她的整个生活变得只与 5 件事相关——训练、恢复、营养、睡眠和心态，而效果是显著的。

那一年，有了伯杰龙的指导，戴维斯多特不但取得了比赛资格，还获得了 2015 年 CrossFit Games 比赛的冠军。她被加冕为“世界上最健美的女性”。2016 年，她再次夺冠。实际上，她已经连续 5 年保持成绩都在这项比赛的前 5 名之列了。

---

① CrossFit是一个起源于美国的健身训练体系，强调将核心力量练习和适应性练习相结合。这个训练体系每年会举办一次名为CrossFit Games的比赛，来竞争谁是地球上最健美的男人或女人。——编者注

当我们挣扎时，与其加倍努力，不如考虑暂停行动，哪怕只有一分钟。我们没必要对抗这些自然规律，我们可以随之而动，可以利用它，可以让努力工作和身体恢复交替进行。

你是否时不时觉得自己比以前睡得少了很多？其实，我们所有人都是这样。研究表明，如今我们的睡眠比 50 年前平均少了近 2 个小时，这并不是小事。每晚睡眠少于 7 个小时的人更容易患上心脑血管疾病、心脏病、中风、哮喘、关节炎、抑郁症、糖尿病，而且超重的可能性要比普通人多出约 8 倍。

睡眠不足是有潜在危害的。一项研究表明，每晚睡眠不足 6 小时的人，其运动技能、认知能力下降，而且工作时间打瞌睡的频率更高。这毫不令人意外。但更令人忧虑的是，调查结果显示，我们很难注意到睡眠不足对我们心理和身体的累积影响。我们总是认为，连续几晚睡眠不足之后，我们可以轻松“复位”，只需要一个“囫囵觉”就可以补上。但这项研究表明，每一个睡眠不足七八个小时的晚上，我们的“睡眠债”都在积累。到第 10 天，这项研究的受试者已经积累了太多“睡眠债”，他们与整晚不睡的受试者受到的影响是一样的。尽管他们声称“只是稍微有点儿困”，但他们的表现表明并非如此。正如研究者汉斯·范·唐根（Hans Van Dongen）所解释的：“每晚睡眠持续不足 6 小时，会导致认知能力受损，即使我们感觉自己已经适应了。”[2]

足够的睡眠可能是我们能给予自己的身体、精神，乃至我们身心承受力极限的最佳礼物。

肖恩·怀斯（Sean Wise）是加拿大安大略省瑞尔森大学的创业教授。在风险投资行业20年的工作里，他专注于在种子期支持高增长的风险投资，他曾与许多企业创始人合作过，这些创始人都是在高风险、高压力的环境下工作的，有高度的紧迫感。换句话说，怀斯认识很多睡眠不足的人。

硅谷的神话会让我们相信，那些颠覆性最强、改变世界的公司的创始人们没有时间去进行像睡眠这样微不足道的事情。毕竟，大多数最成功的创业公司的起源故事往往都是这样的：那些由咖啡因驱动的创始人带着他们价值数十亿美元的创意，在恍恍惚惚的状态下没日没夜地写代码，直到他们由于睡眠不足而变得面色苍白、两眼充血。怀斯的观察结果与这种叙事大相径庭。“我亲眼看到，糟糕的睡眠质量和睡眠不足逐渐破坏了企业家们的精神状态，”他说，“这使他们更难与他人共事，调整能力更差，另一方面也降低了创业成功的可能性。”研究表明，睡眠问题可能会降低警觉性、创造性和社交能力，而这些都是奋发有为的企业家的关键品质。当你知道这一点时，怀斯的观察结果也就不足为奇了。[3]

在目睹了更好的睡眠质量会带来更多的创意之后，怀斯决定拿自己的睡眠做实验。他想看看自己是否能在调整睡眠时间的同时改进睡眠质量。说得具体一点儿，他想提升深度睡眠相对于浅睡眠的比例，以及增加连续睡眠的时间。[4]

研究表明，怀斯的目标选得非常好。深度睡眠对健康的许多方面都至关重要。除非有足够的时间处于深度睡眠状态，否则即使我们睡了一整夜，我们仍然会遭受睡眠不足的困扰。与快速眼动睡眠（Rapid Eye

Movement，REM）不同，在深度睡眠阶段，你的身体运转速度和脑电波都会放缓。在这个阶段，信息正在以长期记忆的方式储存，知识和情感正在得到处理，免疫系统正在被强化，身体状态正在得到恢复。一个健康的成年人每晚的深度睡眠时间应该占整个睡眠时长的 13% ～ 23%。[5] 所以如果你每晚睡 7 个小时，那么你的深度睡眠时间就只有 50 ～ 100 分钟。换句话说，每分钟都很宝贵。

睡眠质量也取决于你总共有多少连续睡眠。连续睡眠期间，我们的脑电波和心率水平达到一个点，使生理和心理资源得到修复。[6] 这就是为什么如果我们夜里醒来好几次，第二天就很难感到精力充沛。

为了最大限度地增加深度睡眠和提升睡眠质量，怀斯采取了一些简单的步骤。他每晚在同一时间上床睡觉，睡前一小时关掉数码设备。另外，上床之前洗个热水澡。然后，他用智能手表跟踪了一个月的睡眠情况。他记录了自己的心率、在床上的时间、睡眠时间、睡眠质量，以及深度睡眠的占比。

为什么要洗热水澡？来自得克萨斯大学奥斯汀分校的最新睡眠科学发现，睡前采取“水基被动体加热”方法，即睡前洗澡的参与者，睡得更早、更久、更好。这似乎有悖常理，因为我们的睡眠周期是与核心体温下降相关联的。但是根据这项研究，问题的关键在于洗澡的时间：睡前 90 分钟。这项研究的主要参与者沙哈布·哈加耶格（Shahab Haghayegh）解释说，温水触发了我们身体的降温机制，导致更温暖的血液从我们的心脏输出，并通过我们的手和脚释放热量。这种“身体热量的有效释放和体温的下降”加速了人体的自然冷却，这种自然冷却的过程可以使人更易入睡。[7]

4个星期之后，怀斯的深度睡眠时间暴增到每晚接近2小时，增幅达到800%，他的连续睡眠时长也增长了20%。他感觉思维更敏锐、更有创造性、更有活力了。他醒来时感觉神清气爽，已经为迎接新的一天做好了准备。正如怀斯曼指出的："我们花费生命中三分之一的时间睡觉。也许是时候评估一下你是否可以做得更好了。"

你需要的，只是轻松地打个盹儿

我承认，我并不是每晚都能获得足够理想的睡眠长度或者睡眠质量。但我是个"小睡王者"。对我来说幸运的是，研究表明，小睡可以抵消"睡眠债"。事实上，即使对于休息良好的人来说，小睡也可以提高反应速度、逻辑推理能力和符号识别能力。[8] 它可以改善情绪，使我们不那么容易冲动和沮丧。[9] 一项研究表明，小睡和睡一整晚一样有益于提高某些类型的记忆力。"令人惊讶的是，在90分钟的小睡之后，你可以在学习方面获得与睡8小时相同的好处，"研究者称。[10]

对于和我交谈过的大部分人来说，进行规律性小睡的想法都很有吸引力。但他们发现，在现实中这几乎做不到，为什么这么难呢？当我们在小睡而不是"做事"的时候，习惯于感到内疚。我们害怕错失良机，而勉强支撑又得不偿失，可小睡还被污名化为纯粹的懒惰甚至不成熟，真是糟透了。

关于当今"拼搏文化"的腐蚀性影响，已经有很多文章写过了。我们总是以"我只是不需要太多睡眠"或"谁有时间睡觉？！不是我"这样的评论为荣。其实"睡眠羞辱"是一个历史久远的传统。历史学家、总统传记作家罗恩·切尔诺夫（Ron Chernow）讲述过这样一个故事：当美国南北战争英雄尤利西斯·S. 格兰特（Ulysses S. Grant）在一场重要战斗的前一天晚上 11 点准备上床睡觉时，他的一名指挥官尖刻地向他指出，拿破仑每天晚上只睡 4 个小时，而且精神上仍然保持着旺盛的精力。每天睡 7 小时的格兰特对此表示怀疑，他回答说："好吧，我从来不相信那些故事。如果真相大白的话，我坚信你们会发现，为了弥补晚上短暂的睡眠，他会在白天小睡一觉。"[11]

是时候换一种方式来看待小睡了。轻松小睡的秘诀有：

1. 注意这个时刻：你疲劳到一定程度，感觉要强打精神了。
2. 用眼罩、噪声消除器或耳塞屏蔽光线和噪声。
3. 定个闹钟。
4. 当你试着入睡时，屏蔽掉关于你"本可以做某事"的想法。你醒来的时候，你的待办事项都会在那儿，只有这时候，你才能更快、更轻松地完成它们。

最开始的几次可能要费点儿劲，你可能没有真正睡着，但是要继续尝试。一旦你弄清楚自己在哪个时间可能需要小睡一下，那么请把它添加在你的日程表里。通过一些实践，小睡会变得很轻松，而且没有负罪感。

与钥匙共眠，享受梦境带来的灵感

西班牙著名画家达利最著名的画作《记忆的永恒》似乎是以达利的家

乡加泰罗尼亚（Catalonia）的现实主义岩石景观为背景创作的。但与大多数超现实主义艺术一样，这件作品也带着一种奇异的梦幻般的质感：时钟不再是端端正正的，而是像卡芒贝尔奶酪一样在阳光下融化，一只孤单的苍蝇投下了一个人形的影子，一群蚂蚁聚在一起，令我们联想到自己的宿命终点。这幅创作于1931年的超现实主义运动鼎盛时期的作品，使达利一跃成为全球知名人物。

根据艺术史学家的说法，达利同时受到印象主义时期和文艺复兴时期艺术的影响。他在马德里接受过正规的美术教育，考虑到这种背景，我们会认为达利能够画出准确的、栩栩如生的作品。[12] 那么，他是如何从这些古典技巧中跳脱出来，创造出一种令人难忘的现实与梦幻共存的景象呢？

达利的小睡也是一种超现实主义版本的小睡，他会坐在椅子上，手腕悬在扶手边缘。他用一只手的拇指和食指夹住一把有些重量的金属钥匙。[13] 在钥匙正下方的地板上，放着一个倒扣的盘子。达利闭上眼睛休息，当他迷迷糊糊睡去的时候，他夹住钥匙的手指就会松开。哐啷！达利的眼睛会突然睁开，下一个怪诞作品的新灵感就会出现在他的头脑中。在他的《魔幻技艺的50个秘密》（*50 Secrets of Magic Craftsmanship*）一书中，达利解释说，在“刚开始失去意识、你不确定是否真正睡着的那个转瞬即逝的时刻”，他“在睡眠与清醒之间那条紧绷而无形的分界线上保持着平衡”。达利把他的小睡技巧称为“与钥匙共眠”。

梦境是一片沃土，为那些整天困扰我们的问题孕育了创造性的解决方案。但是通常我们醒来之后只剩一些零星的想法，如果没能及时捕获它们，它们就会消失得无影无踪。假如你在寻找灵感，最简单的方法就是让眼睛休息，你可以坐在你最喜欢的椅子上，不管你用闹钟还是钥匙作为提醒，记得把一支铅笔放在触手可及的地方，当你突然睁开双眼的时候，可以用它记下实现的灵感。

当我们与身体的自然节奏和解，不再用睡眠作为代价与他人竞争，我们的生活就会变得条理清晰，富有意义，我们的身心就会因此逐渐恢复到轻松状态。

EFFORTLESS 轻松 TIPS

MAKE IT EASIER TO DO WHAT MATTERS MOST

1. 当我们挣扎时，与其加倍努力，不如考虑暂停行动，哪怕只有 1 分钟。
2. 别再将睡眠作为竞争的代价。
3. 即使对于休息良好的人来说，小睡也可以提高反应速度、逻辑推理能力和符号识别能力。
4. 梦境是一片沃土，为那些整天困扰我们的问题孕育了创造性的解决方案。

Effortless

第 5 章

觉察，
在“噪声”中保持专注

倾听内心的声音，
每个人都有一位内在的导师。

Amplify your inner voice. Each of us has an inner teacher.

柯南·道尔笔下的夏洛克·福尔摩斯是最著名的被影视作品塑造的文学人物之一。所以，如果你知道柯南·道尔的45部小说中只有4部出现了这位私家侦探，你可能会很惊讶。[1]他能把角色塑造得如此令人信服和难忘，一部分原因来自他无与伦比的观察技巧。他有一种敏锐的洞察力，能够注意到其他人忽略的最微小的细节。柯南·道尔1981年的短篇小说《波希米亚丑闻》（*A Scandal in Bohemia*）就阐述和讨论了这种能力。

故事从常年作为叙述者的华生医生拜访他的朋友福尔摩斯开始，华生来到那个著名的地址，伦敦贝克街221B。福尔摩斯的发问让华生大吃一惊，福尔摩斯问道："你最近曾把身上弄湿，家里还有一个笨拙而粗心的女佣，你猜我是怎么知道的？"华生目瞪口呆。他承认，这星期早些时候他曾到郊外散步，回家时确实满身泥泞。但他不明白福尔摩斯怎么会知道这些的，因为他来之前已经换上了干燥的衣服。福尔摩斯表示这非常简单：在华生左脚鞋子内侧的皮革上、火光之下才能看清的地方，有6道几乎平行的划痕。福尔摩斯推断，这些痕迹是一个粗心的用人在火光下擦拭泥土时留下的。

华生问福尔摩斯，为什么他的理由看起来如此显而易见，而在解释之前却又如此难以参透？“我相信我的视力和你的一样好。”华生说。福尔摩斯回答：“的确如此。”他一屁股坐到单人沙发上，接着说：“但是你只是看，却不观察。”然后福尔摩斯问华生，从楼下的大厅往上有多少级台阶？华生已经在这个楼梯上走过几百次了，但他不知道答案。“你没有观察过，”福尔摩斯得意扬扬地说，“虽然你都看到了。”

屏蔽干扰，玩转福尔摩斯的“魔法”

华生在回想起这次对话时说：“这次交谈真的震撼到我了。我拼命回忆我们房子里一共有多少级台阶，通往房子前门有多少级台阶，但我想不起来。自那以后很长一段时间，每当遇到台阶，我都会数一数，然后把正确的数字记在脑海中。万一有人让我回答，我会让福尔摩斯为我感到骄傲的。当然，我会很快忘记我努力记住的每一个数字。后来我才意识到，如此专注地记忆这些数字，是误解了福尔摩斯想要表达的重点。我实际上是变得更疏于观察了，而不是更善于观察。”

华生在这个故事中表达的苦恼，我们都能很容易地体会到。毕竟，我们都有过这样的经历：有人指出我们周围的一些东西，它们极其明显、始终存在或者很容易观察到，而我们却从未注意过。福尔摩斯从看似无关紧要的线索中推断出一系列精准事实，华生把这种看似超人般的能力视为一种类似魔法的东西。这当然不是魔法，而只是“看”和“观察”之间的区别，是“注视”和“察觉”之间的区别，是“在场”和“参与”之间的区别。

我们有多少次真正地集中注意力去观察？我知道很多人都难以集中

注意力，在某些特定时刻，当我们的注意力需要兼顾很多其他需求的时候，想要专注于当下，专注于一个人、一次对话或一段经历，都令人感觉很难。不过让这一切看起来困难的并不是这个任务本身。

倾听本身并不难，难的是保持专注。专注于当下并不难，难的是避免瞻前顾后。观察本身也不难，难的是排除噪声。至少一开始是这样。但是，一旦我们消除了一些影响我们视野的外部干扰，我们会发现，福尔摩斯的“魔法”其实非常简单。

这些干扰就像白内障。如果不及时治疗，白内障只会大幅增加和恶化，你的视力也会随之恶化。阅读会变得很困难，你不得不努力看清和你说话的人，驾驶变得很不安全。进入视网膜的光线越来越少，一切都变得越来越困难。最终，白内障会导致失明。干扰让我们无法专注于当下，它们就像我们脑中的“白内障”，使我们更难注意到重要的事情，而且越长时间不处理这些干扰，它们就越令人虚弱。进入的光线越来越少，我们错过的越来越多。最终，我们对真正重要的东西视而不见了。幸运的是，白内障可以被摘除。当我们摘除了白内障，光线再次射进视网膜，我们就可以看清之前错过的东西了，清楚而容易，毫不费力。

斯蒂芬·库里曾经一直梦想为父亲的母校弗吉尼亚理工学院打篮球。但是该学院不愿意为他提供奖学金，部分原因是他的身材。在这项球员身材越来越高的运动中，“只有”约 1.91 米高、84 千克重的库里完全处于劣势。在库里被金州勇士队选中的 2009 年，NBA 球员的平均身高接近 2.01 米。洛杉矶湖人队的超级球星勒布朗·詹姆斯身高约 2.06 米，体重超过 136 千克的沙奎尔·奥尼尔曾在扣篮时把整块篮板都损毁了。

Listening isn't hard; it's stopping our mind from wandering that's hard.

倾听本身并不难，

难的是保持专注；

It's not the noticing itself that's hard. It's ignoring all the noise in our environment that's hard.

观察本身也不难，
难的是排除噪声。

NBA的小个子球员通常侧重于训练自己的敏捷性和速度。但是库里选择了一种不同的方式，他专注于训练大脑。从2010年库里的第二个赛季开始，他的私人教练布兰登·佩恩（Brandon Payne）就一直在给库里进行“神经学训练”来提高他的敏捷性。其中一项由易到难的训练是这样的：第一阶段，库里一只手抛接网球，另一只手拍篮球。第二阶段，抛接网球的动作变为拍网球。第三阶段，他把网球扔向墙壁弹回，并重复这个动作，同时另一只手继续拍篮球。第四阶段，库里在双腿间穿插运球。最后一个阶段也最难，同时抛接两个网球。这个令人眼花缭乱的练习是通过建立佩恩所说的“神经认知效率”来提升库里的注意力的。随着每一个训练项目的推进，他将处理越来越多的信息，同时对任务保持持续的专注。

在一篇题为“斯蒂芬·库里看世界的方式的确与你不同”（*Steph Curry Literally Sees the World Differently Than You Do*）的文章中，记者德雷克·贝尔（Drake Baer）写道：“只看库里的外形，你绝不会猜到他是联盟中最占优势的球员。他身高1.91米，体重84千克，他不像勒布朗那样截球，也不像乔丹那么能飞，他有更妙的优势。现在，他非凡的敏捷性和前所未有的投射技巧，已经被人们熟知，但更有证据证明，库里在另一方面也是一个极端的异类，或者说是天才，那就是他对感官信号的处理能力，哪怕是在压力最大、最复杂和最瞬息万变的形势下，这种能力也不受影响。简单来说，他会观察到比赛的更多细节，这让他可以利用对手的位置来创造投篮机会，找到传球路线，迫使对手失误。”勇士队主教练史蒂夫·克尔（Steve Kerr）曾表示，库里的手眼协调能力“和我见到过的任何巨星一样出色”。库里现在被广泛认为是NBA历史上最好的射手。

最新的科学研究有助于解释其中的原因。在一项研究中，蒙特利尔大学神经学教授乔斯林·福伯特（Jocelyn Faubert）发现，通过训练我们的“注意力肌肉”，我们可以提升对高速运动的复杂信息的处理能力。他邀请了来自英格兰超级联赛、加拿大国家冰球联盟和法国英式橄榄球联盟（French Rugby League）的职业运动员和优秀的业余运动员，以及非运动员共同参加一个模拟测试。测试中，8 个球交叉运动，在相互碰撞或与虚拟墙壁碰撞之后反弹。参与测试者被要求追踪其中 4 个球的轨迹。当这 8 个球停止运动时，参与测试者必须指出他们所追踪的球。如果他们回答正确，下一轮的模拟测试中，球的运动会加速，恰如佩恩为库里设计的训练那样。也许不会令人吃惊，结果显示，职业运动员比其他组的人更擅长处理复杂和高速运动的信息。但对我们这些不太可能进入 NBA 的人来说，更有用的一个事实是，所有参与者在测试中都有非常快速的进步。每个人都能越来越好地把注意力集中到重要的事情上，忽略不相关的事情。

处于轻松状态时，即使面对无休止的干扰，我们也能保持清醒。这并不是一件小事。因为在这种聚精会神的状态下，我们看问题的方法是不同的，我们能够聚焦于重要的事情，我们会注意到那些就在眼皮底下却曾被我们忽略的事情。

像“打网球”一样，轻松搞定人际关系

我们与大多数人的相处都只是泛泛之交，很难与每一个人在精神上产生共鸣。我们总是发现，要真正了解别人，是非常困难的。

约翰·戈特曼（John Gottman）① 在一个官方名称为“戈特曼学院”，又被称作“爱情实验室”的地方，花了 40 年时间研究人际关系科学。他的妻子朱莉·戈特曼（Julie Gottman）是一位受人尊敬的心理学家。戈特曼夫妇是世界知名的婚姻与人际关系问题专家，他们合著过几本书。关于复杂的人际关系经营方式，以及预测离婚与婚姻稳定性之间的相互作用，他们共同收集的研究数据可能比同领域的任何人都要多。

根据戈特曼夫妇的说法，在我们的人际关系中，我们都会或多或少地努力得到他人的喜爱、肯定和关注。戈特曼夫妇把这称为“关系需求”。有三种不同的方式可以回应来自别人的关系需求，我们可以形象地把这三种方式比作打网球。[2]

第一种回应叫作“击回”。当你回到家，在你爱人的脸颊上轻轻一吻，然后说：“今天天气不错是吧？”你的爱人可能会回答：“我也觉得天气很棒！也许我们应该打开几扇窗户。”在这里，你的爱人就像球场另一端的球手，接到你的发球，他用一个落地球直接将球打回你站立的地方，让你很轻松就能把球再打回去。于是你们的对话能够很轻松地继续。

第二种回应是“击偏”。你的爱人可能对你关于天气的评论回复说：“你真的这么认为吗？我觉得今天外面太热了。我一点儿也不喜欢这样的湿度！”这种情况下，对方相当于把球打过了球网，但是球完全朝着球场的另一侧飞去，你不得不飞奔过去接球。你们可能会继续击球，但会更费力一些。

---

① 约翰·戈特曼对婚姻与两性关系的研究成果非常丰富，他的《幸福的婚姻》《爱的博弈》中文简体字版已由湛庐策划，由浙江人民出版社于2014年出版。阅读这两本书，可以获得很多有趣且有用的启示。——编者注

第三种回应是“击飞”。这次，你的伴侣根本没有回应关于天气的评论，而是用一些完全不沾边的事情回复：“你开车去换机油了吗？”这相当于球直接击中了球网。比赛结束了，现在，你必须劳神费力再开一局。

根据戈特曼的研究，前两种反应——哪怕是夹杂了一点儿争论意味的那个，通常对一段人际关系来说都是健康的。伤害最大的是第三种，它意味着这两个人“看不到”对方。他们没有参与同一场比赛，或者根本没在进行同一项运动。就好像他们在看同一面墙，一个说“这面墙是蓝色的”，而另一个坚称它是红色。

没有哪一种人际关系是轻松的，但是有一些方法可以让我们更容易地保持一段牢固的关系。我们不需要认同对方的一切，但是我们需要与他们共情，尊重对方，给对方足够的关注。你不用每次都这么做，但要尽可能频繁。“相处”就如同埃克哈特·托利（Eckhart Tolle）[①] 所说：“它就应该是轻松的。”

全然投入，感受陪伴的奇妙力量

当一位年长的医生走进来检查罗纳德·爱泼斯坦的耳朵、喉咙、脖子、胸部和腹部时，他感到自己的焦虑加剧了。从各方面来说，这是一次很普通的就诊，诊断结果、预后和规定的治疗过程并不令人意外，诊断时间比爱泼斯坦那天吃早饭的时间还短。但有一点很不同，这令爱泼斯坦感到难忘：医生坐在诊疗室耐心回答这个紧张的17岁孩子的问题时，就好

① 毕业于伦敦大学，是著名的心灵导师、作家，主张人们摆脱痛苦，进入内心的平和世界。——译者注

像那天他的日程表上没有其他病人一样。[3]

当晚，爱泼斯坦入睡时，他已经被这段经历改变了，尽管他还没有完全明白是怎么回事。爱泼斯坦患上的只是典型的病毒性感冒，在两个星期的康复过程中，门诊那段难忘的记忆一直伴随着他。当他去见辅导员，回答“高中毕业后想做什么”这种所有大人都会问的老生常谈的问题时，他就会想起那段就诊经历；当他写大学申请论文时，那段就诊经历也会闪现。当他背着沉重的双肩包在校园里迈着沉重的步伐时，他感觉双肩包只是让自己的身体感到了重压，而他的精神是轻松和自由的。他确信，他所专注的这件事已经变成自己的使命：努力学习一切可以帮助病人痊愈的知识。

这听起来似乎有些难以置信，多年前与一位内科医生短暂接触的经历，这些年来一直伴随着爱泼斯坦。医生那种发自内心的慈爱、令人心安的镇静、全心全意的陪伴，至今仍与爱泼斯坦同在，并将永远同在。

稍纵即逝的瞬间能够留下如此持久的痕迹，从而塑造人生的轨迹吗？爱泼斯坦的整个未来，是由那位坐在那里倾听、给了他全部关注的医生决定的吗？当我们全身心投入陪伴别人时，就会对别人产生影响，这种影响不只发生在当下。即便只有最短的瞬间，那种“感觉自己是世界上最重要的人”的体验，也会在那一刻过后的很长一段时间里伴随我们。“陪伴”有一种神奇的力量。

在演讲时，我曾很多次请观众想出一个在生活中与他们全心相伴的人，然后用一个词来描述那种陪伴对他们而言是一种什么感觉。这些形容词的数量之多、蕴含的感情之强烈、词意之丰富，曾令我感到惊讶。这些词包括：慷慨、宝贵、理解、振作、可靠、值得、安宁、重要、特别、杰出、被理解、互利、专心、质朴、亲密、关怀、充分、平静、激励、认可、安静、珍贵、丰富、安全、成就感、神圣、信赖、神奇、温暖、影响力、迷人、肯定、接受、无价。我们该如何理解这些只有一个单词的故事呢？这些用词都很大气。你会以为他们描述的人帮助他们完成了不可能的任务。但并不是，他们只是在描述一个全心相伴的人。

当我们与另一个人全心相伴时，我们会把他看得更清楚，我们也能帮他更清楚地认识他自己。

清醒委员会，倾听内在的声音

生活中，总会有一些人由于想弄清一个问题或者做出一个决定而求助于我们。但我们经常会不知不觉地妄下判断，使他们更难决断。我们总是急着说："哎呀，你应该这样。"或者说："我不知道为什么你一开始不那样。"或者是："如果我是你，我会如何如何。"这种仓促的结论，无论意图多好，都会让人更难获得清晰的判断。具体来说原因有两个。

第一，当人们害怕被评判时，他们内心的声音就会被压抑，这时候他们的关注点就会只放在他们认为我们想听的东西上，而不是他们实际看到的或者感受到的。第二，当我们的判断和意见被表达出来的那一刻，它们就开始冲击别人的心智空间，对他们得出自己的结论造成影响。

与之形成鲜明对比的是美国一些教会组织的做法，叫作"清醒委员会”。当社区中的某个“焦点人物”面临一个重要的两难困境时，他通常会请几位备受信任的“元老团”成员组成一个委员会。这样做的目的不是让委员会告诉这个“焦点人物”应该怎样做，而是为他提供一些帮助，让他自己把问题想清楚。为了做到这一点，委员会必须避免做出“判断”。

当他们聚到一起时，“焦点人物”说出他的问题，以及问题的重要性。委员会安静地倾听。了解了前因后果之后，“元老团”有几个选择：他们可以问一些“坦率的问题”，以明确一些他们还不知道的事情，也可以思考或者复述他们所听到的东西，但是禁止给出观点、建议和判断。

正如“清醒委员会”专家帕克·帕尔默（Parker Palmer）所写的：“我们每个人都有一位内在的导师，每个人心里都有自己认同的真理和标准，这些能为我们需要处理的问题提供指导和力量。”这个活动的目的是帮助人们扩大这种内在的声音，并搞清楚如何前行。我们可以帮助其他人做同样的事，只需要完全抛开自己的观点、建议或判断，让别人的真理优先于自己的真理即可。

我们能给予他人的最佳礼物不是我们的技能、金钱或努力，而是我们的关注。我们都没有无限的精力和注意力，但是在轻松状态下，我们就更容易有意识地关注那些我们真正关心的人和事了。怎样才能唤起我们所需要的高感知力和专注度呢？我推荐以下的日常练习。

1. 开辟一处你的独有空间（2 分钟）：找一个安静的地方，关掉你的手机，让别人 10 分钟内不要打扰你。花点儿时间清理桌子，把东西放回原处。

2. 放松你的身体（2 分钟）：挺直腰板，换个舒服的坐姿，闭上双眼，转动肩膀，左右转动头部，放松你身体的每一个部位，正常自然地呼吸。
3. 放松心情（2 分钟）：你的脑中充满各种想法是很正常的。接受它们，对它们保持注意，任由它们来去。
4. 释放你的内心（2 分钟）：如果脑海中出现了某个对你不好的人，对他说“我原谅你”，并想象你正切断一条把你们拴在一起的锁链。
5. 在感恩中呼吸（2 分钟）：重温生活中某个你非常感恩的时刻。调动起你所有的感知，再次回味那种感觉。回想你在哪儿、你感觉如何，以及你和谁在一起。将感恩的心态完全融入呼吸之中。这一步重复做三次。

EFFORTLESS 轻松 TIPS

MAKE IT EASIER TO DO WHAT MATTERS MOST

1. 消除那些影响视野的外部干扰，我们就可以毫不费力地看清真正重要的事。

2. 我们能给予他人的最佳礼物不是我们的技能、金钱或努力，而是我们的关注。

3. 要保持一段牢固的人际关系，我们不需要认同对方的一切，但需要与他们共情。

4. 当我们全身心投入陪伴别人时，就会对别人产生影响，这种影响不只发生在当下。

Effortless Action

How can we make essential work easier to do?

第二部分

轻松行动

EFFORTLESS ACTION

导读
5 个原则，约束自己的努力程度

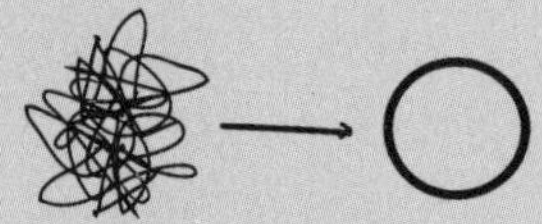

拉里·西尔弗伯格（Larry Silverberg）是北卡罗来纳州立大学的一名“动力学家”。也就是说，他是物体运动方面的专家。他研究了 20 年来数百万次罚球的运动过程，并且有了一项有趣的发现，罚球成功最重要的因素是球投出时的速度。要达到肌肉运动知觉的最佳状态，需要大量训练来形成肌肉记忆。我们的目标是达到这样一种境界：你努力而不费力，你的动作变得流畅、自然，并且这一串动作都是发自本能。

这就是“**轻松行动**”的意义。

如果你在罚球时用力过猛，你会肌肉紧张、动作过快。这与很多成功人士的情况类似，他们习惯于相信“更多的努力带来更多的产出”。当投入大量精力却看不到他们想要的结果时，他们会习惯于更加努力，工作时间会更长，更容易为现状劳神。在这个过程中，这些成功人士学到的是，把进展缓慢视为一种需要付出更多努力的信号，但他们没有学到的是：一旦越过某个点，更多的努力就不再能带来更好的结果了，反而会破坏我们的表现。

经济学家把这样的现象称作“收益递减规律”：每一定量的额外投入都会形成一个产出的递减率。例如，如果我写作 2 小时，我可以写 2 页内容。但如果我写作 4 小时，我只能写出 3 页内容，即我的产出效率在降低。这种情况下，更多的努力就应该遭受质疑了。但是事实往往是，成功人士此时会加倍努力。他们看到产出减少了，会错误地认为解决方案是应该更加拼命。这样做的结果是什么呢？

答案是负回报：这时候，不只是每一份额外的投入形成的回报更小了，整体产出效率也随之降低了。比如，在写作的时候会有一个时刻，从这个时刻起，你写的时间越久，稿件质量就变得越差。同样的道理也适用于写一首歌、绘制一幅蓝图、准备一场法庭辩论，或者编写一段计算机代码，以及许多其他的努力。你疲惫不堪，判断力受损，之后你付出的每一份额外努力都变成了“有害的”。在这种时刻如果你还要继续坚持，就是典型的如图Ⅱ–1 所示的“得不偿失”。

这种不讲求效率的努力不只会影响整体产出效率，还会让人产生职业倦怠感。这就是过度努力，或者说得通俗一点，努力过头了。[1] 这种经历也许你自己也有过，例如，在社交中过度努力会让你很难与他人真诚交往；为了升职而过度努力会让你散发出拼死一搏的气息，让你因此看起来毫无魅力；睡觉时过度努力会让你几乎无法平静下来；过度努力地让自己看起来聪明一点儿，反而很难打动你想打动的人；过度努力地保持冷静、放松、感觉良好，反而会让这些变得更难。这就是过度努力会产生的问题。

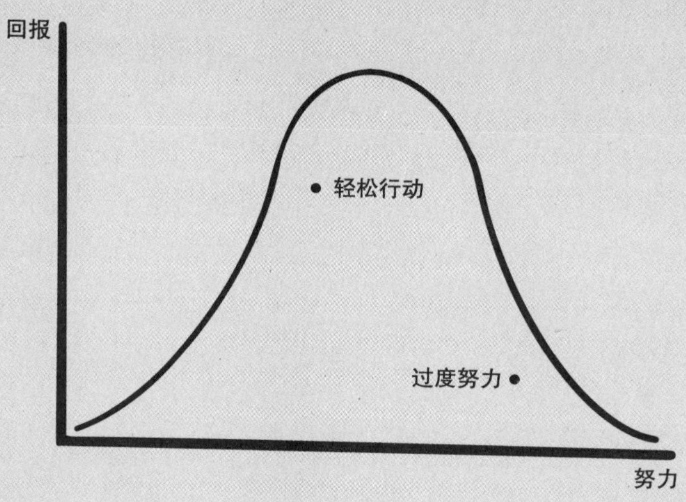

图Ⅱ-1　更多的努力不一定带来更多的回报

“轻松行动”的奇妙之处就在于，它与我们的生活经验大为不同。你有没有发现，当你做最擅长的工作时，会感觉轻松至极？你甚至连想都不用想，不用怎么费力就能搞定。你进入了最佳状态，一切都能顺势而为，并且完美呈现。这就是做重要事情的最佳状态。在中国古典哲学中，大师们将这种最佳状态称为“无为”。“无”意味着“不具备”或“没有”,“为”意味着“做”“行动”或“努力”。所以,“无为”的字面意思是“无须行动”

或者“无须努力”，而它的引申意义是“努力而不费力”“不露痕迹的行动”或者“轻松做事”。

我们的目标是，在完成重要事项时投入更少，而不是更多，通过约束我们的努力程度而不是通过过度努力来达到目的，这就是“轻松行动”的意义。

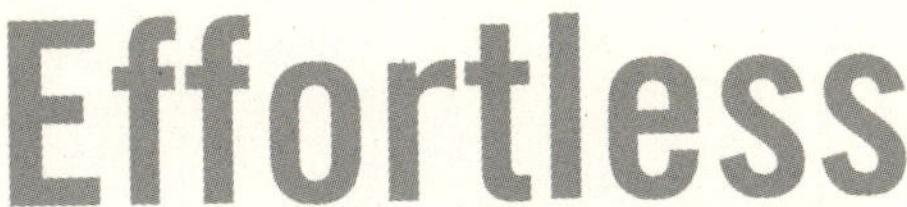

第 6 章

定义，找到“产出低于投入”的那个点

一旦越过某个点，
更多的努力不会带来
更好的结果，
反而会破坏我们的表现。

Past a certain point, more effort doesn't produce better performance. It sabotages our performance.

400 年前，瑞典国王古斯塔夫二世（Gustav II）[1] 迫切想要升级他的舰队，保护他的人民，因为周边海军力量崛起对他们造成了威胁。于是古斯塔夫国王找到造船商亨里克·海伯特森（Henrik Hybertsson），让他建造后来广为人知的“瓦萨号”（The Vasa）。

这项计划对古斯塔夫国王来说至关重要，因此他分派了一片拥有上千棵树的森林来为这项计划提供原材料支持。他还打开了皇家金库，并向海伯特森保证，用来完成这个项目的预算没有上限。不幸的是，对于这艘战舰的最终形态，国王没有一个明确的设想。或者更准确地说，他一直在改变自己的设想。起初，这艘战舰的设计长度约为 33 米，甲板上配有 32 门加农炮。可是当木材按照规定尺寸切割完毕之后，战舰的设计长度又被国王改成了约 37 米。然而，在海伯特森的团队刚刚做完调整后，目标再次被改动。这次，国王要求他的战舰长度要达到约 41 米。他对于大炮的需求也改变了，原定的单排 32 门加农炮，在国王的要求下被改成双排 36 门加农炮，并需要额外再加上 12 门小加农炮、48 门迫击炮和 10 个口径更小的其他武器。

大约 400 人为实现这个目标付出了极大的努力。但就在他们即将完工的时候，国王再一次改变了主意，他要求布置 64 门巨型加农炮。据说正是这个消息所带来的巨大压力令海伯特森心脏病发作致死。尽管如此，这个没完没了的项目仍然在海伯特森的助手海因·雅各布森（Hein Jacobsson）的率领下继续进行。他们投入的人力继续增加，而国王继续改变着他的最终设想。他甚至要求运来大约 700 件华丽的雕刻装饰，附着在船舷、舷墙和窗户上，这是一项完全没有必要的装置，而且需要一队雕刻专家用超过两年的时间来完成。

1628 年 8 月 10 日，在尚未完工且没有足够时间进行测试以确保它能适应远海环境的情况下，“瓦萨号”就离开斯德哥尔摩港，开始了它的处女航。与此同时，国王安排了一个庆祝仪式来纪念这次航行，现场有焰火表演，有各国外交官，还有壮观的场景：当船驶离港口时，炮口打开，炮筒朝外，它们向岸上的达官贵人鸣礼炮致敬。突然，一阵大风刮过船帆，使这艘巨大的战舰向一侧严重倾斜。当加农炮触及海面时，海水从炮口涌入。尽管船员们全力施救，海水还是几乎在一瞬间淹没了火炮甲板并涌入船舱，这加剧了战舰的晃动。只过了 50 分钟，“瓦萨号”就完全沉没了。悲惨的是，一同沉没的还有 53 名船员。他们死于距离岸边仅 1 200 米远的地方。就这样，瑞典历史上最昂贵的海军项目，在航行了仅仅约 1 600 米之后便葬身大海。这都是因为国王不断地调整终极目标，导致项目几乎不可能顺利完成。

如果你想让某件事变得困难，甚至完全不可能完成，那么你可以让终极目标尽可能地模糊。这是因为，你肯定无法完成一个终极目标不明确的项目，你可能会原地踏步，也可能会对它改来改去，甚至很可能会放弃它。相反，如果你想完成一个重要项目，绝对有必要让终极目标尽可能地清晰。这个道理可能听上去显而易见，但是，如果考虑一下你正在进行的那些重要事项，你有没有清晰把握它们的终极目标？

小修改导致大代价，清晰定义终极目标

有时候重要的项目没有完成，是因为我们一直在不停地修改它们。举个例子，我的编辑曾经从代理商那里收到过一个图书提案。她读完了觉得很吸引人。第二天，她收到一个新的版本，邮件中写道："作者进行了一些修改。"她读了新版本后感觉和第一版差不多。两天之后，她又收到了一个版本，她读完感觉还不如第一版惊艳。可是作者还是改起来没完没了。

无论是写一个图书提案，或是给客户制做演示稿，还是造一艘船，又或者做其他任何事情，修改都可以明显地改善原作，但仅限于一开始。一旦修改次数达到某个点，收益递减法则就开始显现了。过了这个点，改善的幅度与我们努力的程度就不成正比了。我把终极目标定义为"产出开始小于投入"前面的那个"点"。

为了避免你付出的时间和努力所产生的回报率出现递减，请为终极目标设立明确的条件，在达到那个条件时停止修改。我们都有想完成的重要事项，但常常发现自己在原地踏步，最终没有办法完成。通常来说，解决方案就是，你要清晰定义终极目标。清晰定义终极目标，这不仅能帮助你完成任务，还能帮你启动任务。很多时候，我们都会拖延或挣扎于

迈出第一步，因为我们心中没有一个明确的目标。一旦你清晰定义终极目标，你就给了自己的意识和潜意识一个清晰的指示。当事情开始运转时，你就可以规划通往最终目标的路线了。

令人惊讶的是，1 分钟的专注就可以让你获得如此清晰的思维。举个例子，当你有一个重要的方案要交付时，花 1 分钟的时间，闭上眼睛，想象一下把它作为“已完成事项”划掉时的样子：“我已经解决了客户提出的每个问题，并且检查了一遍。”你只需要花 1 分钟的专注力去弄清楚终极目标是什么样子（如表 6–1 所示）。在想清楚结果的那一刻，你对这件事的专注度会是前所未有的。此时，你一定可以头脑清晰地调动所有的资源，去把目标变为现实。

表 6–1　模糊的目标与清晰的目标

模糊的目标	清晰的目标
减肥	当我站在体重秤上，它显示的是 177 这个数字
多走路	计步器达到每天 10 000 步，连续 14 天
多读书	在我的电子书阅读器上，《战争与和平》旁边会有“已读”的标注
提交重要报告	打出 12 页的详细案例和可行的建议，并且能够想象到客户的称赞
推出我的产品	找 10 名测试版用户使用该 App 一星期并给出反馈
做完一期播客	播客已经录好并上传

发起清单革命，让人生不留遗憾

清晰定义终极目标不仅适用于单独的任务或项目，还适用于多个任务。我们都有过盯着清单上无穷无尽的“待办事项”而不知所措的经历。有时在一天结束的时候，待办事项列表通常比开始时还要长。它制造了一场“打不赢的战争”。那么，我们怎样知道一天的工作已经“完成”了？安娜和我喜欢使用一份“当天完成事项”的清单。

“当天完成事项”清单并不是理论上我们可以在当天做的事情的列表，也不是我们想去完成的所有事情的列表，因为要完成那些事情所花的时间必然远远超出有限的可用时间。因此，“当天完成事项”清单应该由重要而有意义的事情组成。当你写下清单上的事项时，可以先想象一下完成之后的感受，作为一个测试。问问自己：如果这一天结束前我完成了这份清单上的所有事项，这会让我感到满足吗？有没有如果不做就会困扰我整晚的其他重要任务？如果有，那个任务就应该写在“当天完成事项”清单里。

“瑞典式死亡清理”是指，一个人在自己还活着的时候，把一生积累下来的物品清理掉。[2] 世界上多数人采取的做法是，在死后把物品留给他们所爱的人去清理。这是二选一的局面。“瑞典式死亡清理”可能听起来很可怕，但它是一种释放自己的过程。你把房间收拾好，把事情按你想要的方式做完。在你还能做这些事的时候，你为关爱的人解除了一个痛苦而不可避免的负担。

“瑞典式死亡清理”背后的哲学也可以应用于我们生活中的其他方面。多年以来，我一直受到一个想法的鼓舞：无论是否意识到，我们每个人都有一个重要的人生使命。我们都怀有一种目标感，有一个独特的目标，而我们一生的努力就是为了弄清楚它是什么，并且实现它。

我最近和一个朋友聊天，她对这个问题也有强烈的感受。她在过去几年里曾两次中风，而且第二次严重到医生不确定她是否能活下来，但她竟挺过来了。现在她正进行自己人生最后的“返场表演”。她知道自己剩余的时间不多了，但仍决心完成两个计划。一个是为自己写一本生平传记，另一个是回顾整理她所创作的每一段乐曲。每天她都带着这样的目标醒来，并祈祷这些事情能够在她去世之前完成。她很清楚自己整个人生的终极目标是什么样子。那么，我们能不能也像做“瑞典式死亡清理”一样，通过实现人生目标来给自己一个这样的礼物？

EFFORTLESS 轻松 TIPS

MAKE IT EASIER TO DO WHAT MATTERS MOST

1. 如果你想完成一个重要项目，绝对有必要让终极目标尽可能地清晰。

2. 我把终极目标定义为“产出开始小于投入”前面的那个“点”。

3. “当天完成事项”清单应该由重要而有意义的事情组成。

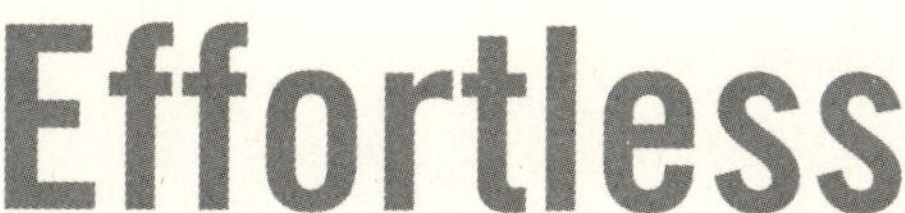

第 7 章

开始，
从简单到可笑的第一步入手

想要实现伟大的构想，
先走出简单到可笑的第一步。

To realize a huge concept, look for the ridiculously simple first step.

截至 2020 年 4 月，全球有 1.83 亿家庭使用奈飞。[1] 但令人难以置信的是，如果不是里德·哈斯廷斯的一段经历，奈飞可能不会存在。①

当年，哈斯廷斯从当地的录像带出租公司百视达租借了汤姆·汉克斯主演的经典影片《阿波罗 13 号》家用录像带，不幸的是他不小心把录像带搞丢了，结果被百事达罚款 40 美元。这件事让哈斯廷斯开始考虑，人们是否有更好的方式去租借影片。

作为一名 20 世纪 80 年代就读于斯坦福大学的计算机科学家，哈斯廷斯相信，在未来 10 年左右的时间内，普通家庭使用的互联网环境将有能力以非常高的速度传输巨量数据，可以使整部电影按照需要被立即传输到个人电脑或电视端。哈斯廷斯的想法是，先把奈飞系统打造成 DVD 服务商，“然后，互联网最终会追上邮政系统并超越它”。[2]

---

① 奈飞的出现和发展是非常不同寻常的，像所有的明星企业一样，它的企业文化也被许多人研究学习。阅读《奈飞文化手册》，和优秀的企业学习如何管理企业。这本书的中文简体字版已由湛庐策划，由浙江教育出版社于2018年出版。——编者注

哈斯廷斯对奈飞的终极愿景是让它成为一家庞大的综合企业，长久经营，并使用超越时代的技术。他本可以先制定一个多年、多阶段的进程；预测互联网的速度什么时候会超过高速公路上疾驰的联邦快递卡车，为多个场景起草商业计划；研究几十乃至上百个变量，比如运输 DVD 的成本、每张光盘能承受的使用次数、未归还或损坏的 DVD 可能带来的损失等。

但相反，哈斯廷斯只是给自己寄了一张 CD。哈斯廷斯明白，除非 DVD 能够通过邮政系统可靠地运输，并且在途中没有损伤或破损，否则他的构想是不可能实现的。所以，他和他的联合创始人马克 · 伦道夫（Marc Randolph）去圣克鲁斯（Santa Cruz）的一家唱片店买了一张二手 CD。然后，据伦道夫回忆，他们又去了位于太平洋大道的一家小礼品店，买了用来装贺卡的那种蓝色小信封。他们在信封上写下哈斯廷斯的家庭地址，把 CD 塞进去，贴上一张一等邮票并寄出。“第二天他来找我的时候，”伦道夫说，“信封就在他手里。信已经寄到他的家里了，里面还有那张未损坏的 CD。那一刻，我们俩看着彼此说：‘这个主意可能行得通。’”[3]

哈斯廷斯的构想很大庞大，也很长远，野心十足。奈飞的联合创始人们清楚地知道“完成”是什么样的，就是像今天这样打造一个庞大的全球流媒体服务商和内容库。

哈斯廷斯和伦道夫并没有直接筹划一个复杂的、翔实的计划来达到这个目标，而是先找到简单到可笑的第一步，以此来确认是接着进行第二步，还是干脆放弃。事实证明，让他们的伟大想法付诸行动最简单、最显而易见的方式，就是邮寄那张 CD。

第一步的行动可以是最微小的行动

你不必对如何开展重要事项感到不知所措。通常，在找出显而易见的第一步时，你就避免了花费太多精力去考虑后面的许多步。不管这一重要事项包含多少步，在采用这样的策略时，你所要关注的就是第一步。然而，我们常常由于对第一步的错判而无从下手。我们所认为的第一步往往是很多个步骤。不过，一旦我们把它拆分成具体而实际的行动，找出显而易见的第一步就变得很轻松了。

效率专家阿普丽尔·佩里（April Perry）讲过帮一位女士整理起居室的故事。这位女士家里到处都是书，一堆又一堆，一箱又一箱。家具顶上也是书。书把房间堆得密不透风，以至于房间都无法正常使用了。这位女士知道，把书搬出起居室的解决方案是买一组书架放在办公室。然而，即使这个看起来很容易的解决方案也令人感到无从下手。[4]

“如果现在把我的电脑拿给你，”佩里问这位女士，“你能马上打开电脑订购书架吗？”“嗯，我倒是很想，”这位女士回答说，“但首先，我需要量一下办公室的墙，看看我需要订购一个什么尺寸的书架。”“好的，”佩里说，“你能现在就去量一下办公室的墙吗？”结果这位女士说她不能，因为她的卷尺找不到了。

说到这里，两人都笑了。突然间，事情变得明朗起来。这位女士没有取得任何进展的真正原因是，她没能找到显而易见的第一步：找来、借来或者买来一个卷尺。找到第一步似乎微不足道。但通常情况下，正是像买卷尺这样小的步骤为我们提供了动力，这种动力是我们在采取后面一个步骤，乃至后面几个步骤时所需要的。

我知道，很多人受到近藤麻理惠的启发，尝试了她那闻名世界的居家整理术。他们喜欢这种理念：抛弃一切，只留下那些能给他们带来快乐的东西。遗憾的是，其中一些人无法完成。这是因为，近藤麻理惠的整理术[5]要求你“立即收拾整个房间”，这时候你甚至还没做好开始的准备。这个理念的最终状态当然是令人非常向往的，但如果第一步就令人为难，那么很多人会在开始之前就直接放弃。

佐佐木典士（Fumio Sasaki）在《我决定简单地生活》（*Goodbye, Things*）中提供了另一个选择。[6]他建议的第一个行动是：“马上扔掉一些东西。”他力劝读者：“别等到读完这本书再行动。最好的方法是在舍弃物品的同时锻炼你的技能。为什么不立即把书合上然后扔掉一些东西呢？……这就是第一步，马上去做。”读到那里的时候，我按照佐佐木的建议去做了。

我合上书，然后丢弃了一些东西。这很容易，感觉很好，所以我又多花了 10 分钟扔掉了其他东西。实际上，在写下这些内容的时候，我又受到启发停了下来，又扔掉一些东西。我再一次继续下去，扔掉了更多东西。这就是迈出具体而实际的第一步所带来的力量，它引发了随后专注而轻松的行动。这个原理总是让我想起莎士比亚《仲夏夜之梦》中的一句台词：“虽然她很小，但她很凶猛。”[7]第一步的行动可能是最微小、最易忽略的事情，但它带来的效果却出奇地显著。

构建最小可行产品，轻松起步

硅谷思维和更广义的设计思维的一个关键原则是，通过构建一个“最小可行产品”来对一个想法进行市场测试。畅销书《精益创业》（*The Leam Startup*）的作者埃里克·莱斯将“最小可行产品”定义为：“一个新产品的版本，它让一个团队以最少的付出收集最大数量的有效客户信息。”[8]这种思考方式和工作方式是轻松的，因为它只需要构建一个最简单的产品版本，并使它能够获得真实可靠的客户需求反馈即可。

想想这个案例吧：爱彼迎的创始人仅凭在一个简易网页上发布几张公寓照片就验证了他们的理念。他们很快就有了 3 个付费用户，这些用户想在去该城市参加设计会议时住在这间公寓里。更重要的是，这些用户拥有莱斯所说的“有效信息”，即他们想使用这个产品。[9]这种做法在初创企业中已经极为普遍，而同样的想法也可以应用在任何重要的目标或项目上。我们可以选择先做“最小可行行为”，这种行为能让我们以最小的付出换回最多的信息，而不是拖拖拉拉，浪费大量的时间和精力来为成千上万种可能性做规划，或者全速向前，在错误的道路上冒险前行。

“微下击暴流”（microburst）是气象学上的一种浪涌（surge）①，它能引起短暂而强烈的强风和风暴，通常只持续 10 ～ 15 分钟。[10]“微下击暴流”发生时，一团气流以每小时约 97 千米的速度从降雨云中下沉，气流击中地面时力量极大，可以击倒成年的树木。佩里用“微下击暴流”来形容专

① 浪涌，短时内发生的剧烈脉冲，瞬间出现超出稳定值的峰值。这里用它来形容“微下击暴流”短暂而强烈的特点。——译者注

心做事 10 分钟的“浪涌”，它可以对我们所进行的重要事项产生直接影响。[11] 它是我们从显而易见的第一步中所获得的动力与能量的小爆发。有了它之后，你的能量和信心会随着行动不断积累（如表 7-1 所示）。

表 7-1　专心做事的不同阶段描述

重要事项	显而易见的第一步	微下击暴流
清理车库	找来扫帚	清扫车棚，把自行车挪到车棚里
发布一款产品	打开云端文档，写下想法	对产品特性进行头脑风暴
完成一份重要报告	找出纸和笔	列出这份报告的提纲

2.5 秒改变一切

近年来，神经科学家和心理学家发现，我们对“现在”的体验只持续 2.5 秒。[12] 这是我们心理层面上的“现在”。其中的一个隐含意义是，进展可以以微小增量的形式发生。2.5 秒足够我们转移注意力：放下手机，关闭浏览器，深呼吸。2.5 秒足够我们打开一本书，拿出一张空白纸，系好跑鞋的鞋带，或者拉开抽屉找出卷尺。

当然，2.5 秒的时间也足以让我们陷入不必要的琐事当中。科技巨头公司在不断争夺人们注意力的残酷竞争中明白了这一点。他们不断尝试新的方式来为我们提供更小的信息单位：Twitter 上的 280 个字符，Facebook 或 Instagram 的“喜欢”功能，我们可以轻易滑动并一眼看完的新闻推送。

这些很小的事情可能不会给人浪费时间的感觉，毕竟我们会觉得几秒钟并不算什么。当然，问题是，随着时间推移，这些活动几乎不会为我们希望完成的目标带来什么进展。这些事做起来很容易，但是毫无意义。

当我们难以找出显而易见的第一步时，我们需要让一些重要事项变得能够立即开始，或者让一些不重要的事情变得失去吸引力。用“2.5 秒的视角”看待第一步，这种改变可以让其他改变成为可能，这是有助于养成习惯的习惯。

EFFORTLESS 轻松 TIPS

MAKE IT EASIER TO DO WHAT MATTERS MOST

1. 第一步的行动可以是最微小的行动。
2. 先做“最小可行行为”，以最少的付出换回最多的信息。
3. 用“ 2.5 秒的视角”看待第一步，这是有助于养成习惯的习惯。

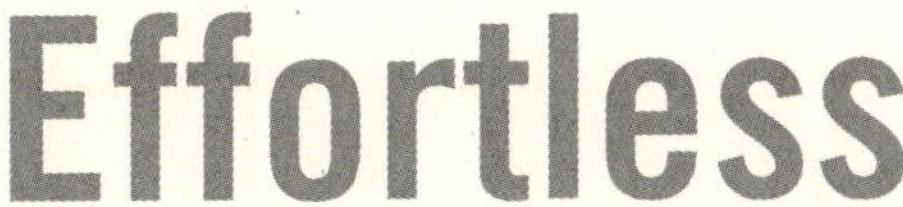

第8章

简化，能不做的都不做

别急着追求完美，

完美的前提是完成。

In order to succeed at something, you have to get it done.

1998年2月，佩里·哈特曼（Peri Hartman）前去与杰夫·贝佐斯（Jeff Bezos）和谢尔·卡潘（Shel Kaphan）会面，卡潘是亚马逊的第一位员工，也是软件开发的负责人。哈特曼走出位于华盛顿州西雅图第二大道和派克街路口的一座四层砖砌建筑，那正是亚马逊总部。他走了差不多一个街区，来到位于著名的派克市场（Pike Place Market）的一家小酒馆，与贝佐斯和卡潘在那儿共进午餐边吃边聊。

贝佐斯之所以安排这次会面，是因为有一个一直困扰他的问题：他的电子商务网站发展迅猛，可结账流程非常烦琐。当时网络购物的典型特点是，要下订单，用户必须完成一长串的操作步骤。网站先是弹出一个需要输入姓名的页面，用户点击之后，会弹出一个需要输入地址第一行的页面，再次点击之后，还需要用户填写城市、邮编、信用卡类型、信用卡号和有效期。如果用户要添加一个账单地址或收货地址，则需要进行更多步骤，点击更多页面。很显然，那时候自动填充功能还没有出现，这意味着用户完成一次订购需要好几分钟甚至更多时间。饭局之中，贝佐斯说：“我们需要使订购系统更简捷。我们要让用户花费最少的时间就能订购产品。最好让他们只点击一次就完成订购。”[1]

回忆起那段经历，哈特曼说，他的目标非常明确，就是让网上购物变得更容易。贝佐斯也意识到："步骤越多，用户就有越多时间改变主意。如果你能让用户'一键购买'，他们购买的可能性就更大。"当时，网上购物的概念还很新鲜，对很多人来说购物流程非常麻烦。漫长的操作过程不够直观，而且远比当时人们习惯的购物过程要烦琐。当时的人们习惯于走到柜台前，递给柜员一张信用卡结账。人们在网上购物时则每次要输入账单信息、支付信息和寄送信息，这中间每一道环节都是障碍和麻烦。如果能把这些复杂程序简化到一次单击就能搞定，将是一个巨大的突破。

事后来看，"一键购买"作为解决方案似乎显而易见。但是哈特曼这位聪明而充满激情的程序员，在这之前已经花费了两三个月，致力于对结账过程中每个单独的步骤进行简化，却从未考虑过"一键购买"这一方案。"这是前所未有的尝试，"他解释道，"贝佐斯说，让我们开始吧。于是我们才做成了这件事。"亚马逊为"一键购买"的流程申请了专利，这使他们在与互联网竞争对手的比拼中占据了巨大优势，也为公司带来了数十年的好时光。[2] 我们无法单独评估这一创新的确切价值，但毫无疑问，它价值连城。

消除不必要的，"完成"好过"画蛇添足"

令我惊讶的是，哈特曼花了几个月的时间试图简化"每个步骤"，但从没想过通过"删减步骤"使"过程本身"变得更容易。这两者之间是有巨大差别的。

不管你迈出的每一步有多轻松，不迈出这一步永远会更轻松。

我儿子 12 岁的时候定下了一个目标：他要在 14 岁之前成为一名鹰级童子军。① 不管怎么说，这是一个“延伸目标”②，但我们一起努力攻克了它，并留下些美好的回忆。儿子快到14岁的时候，他开始做最后一个“老鹰项目”，这个项目需要与一个 40 人团队一起建造一个约 55 米长的栅栏，原有的栅栏在一年前的加利福尼亚州大火中被焚毁了。现在，只剩下写一份关于这个项目的报告就可以完成任务。这看起来并不难，但由于我们马不停蹄地做了近两年的童子军工作，这件事的难度在我们脑海中似乎被夸大了，以至于我们觉得还是拖着更容易一些。

事实上，我们很早就开始写这份报告了。当我们失去动力时，工作其实已经进行了一半。但有时候，事情的后半部分好像比前半部分更令人却步。为了使报告更好，我们不停地增添各种附加元素：一个生动细致的开篇、大量的照片、专业的图表等。然而这没有用，因为我们已经看到其他童子军投入了几百个小时做出的精美报告（多数情况下这样的报告其实是他们的父母花了几百个小时做的），这进一步提高了这个项目的门槛，让我们认为自己应该更加努力。

然而现实是我们的项目始终止步不前，因为每次我们想把它再次捡

---

① “鹰级”（Eagle）是美国童子军的最高级别。童子军的等级从低到高依次为初级（Tenderfoot）、中级（Second Class）、高级（First Class）、星级（Star）、生命级（Life）和鹰级。——译者注

② 延伸目标（Stretch-goal）是通用电气集团前CEO杰克·韦尔奇创造的词汇。它指的是难以达到的、需要努力和创造力才能实现的目标。——译者注

起来时，我们都感觉手足无措。日子一天天过去，这项工作毫无进展。在那几星期之后，我恰巧在研究复杂组织中的流程简化。我突然意识到：我们正在把这个过程变得比原本更复杂。添加这么多步骤让我们在精神上和行动上都更难向前迈出任何一步。所以我们不如后退一步问自己："完成这件事的最低门槛是什么？"

其实，我们不需要制作一个专用的木制活页夹来放报告；我们也没有必要把每一张照片都放进去，还为每张照片都写大段的文字说明；我们更不需要为报告设计一个花哨的封面，把开篇打造成一部巨著。所以，我们决定简化流程，以下是我们精简后的必要步骤："写下20个关键词或引言，把它们打印出来，再剪下来，最后粘贴到适当的位置；打印一页纸当作封面；插入3个章节分隔标签；写一篇3页的文章，回答且只回答被问及的问题；打印出来，把它送到童子军办公室。"全部搞定！这个对我儿子来说非常重要的项目从重新捡起到完成只花了很短的时间，因为我们提炼并完成了最必要的几个步骤。最终，他在14岁生日前一星期成了一名鹰级童子军。

当然，这个理念并不只适用于鹰级童子军的项目。一般来说，有一个方法可以帮助你解决无数的头疼问题，让你在那些看起来极其困难或复杂的事项中勇往直前。**这个方法就是问自己：完成这件事最必不可少的步骤是什么？**

需要明确的是，删减非必要步骤不等于"敷衍了事"，或者搞出一些你拿不出手的东西。非必要的步骤就是没有必要的。消除它们，可以让你把所有精力都用在重要事项上。几乎在每一个领域，"完成"都要远远好过“画蛇添足”。**“完成”是一件值得引以为傲的事情：想在某件事上取得成功，你至少得完成它。**

“只跑1千米”，不做多余的事

我从小到大最好的朋友学习时间一直比我少，但成绩却更好。你可能好奇他的秘诀是什么，很简单，就是老师要求他做什么，他就做什么，绝不多做，仅此而已。相反，我会做得更多。我会阅读超出要求的内容，研究必要范围之外的东西。这就好比，我可能太迫切地想跑2千米，却忽略了1千米还没跑完。

在某些情况下“多跑1千米”是必要的。例如，外科医生采取额外的措施来防止刀口部位感染，但“画蛇添足”就大可不必了。说到这里，我发现了一个有用的规则：**“被要求做事件X，并不构成做事件Y的充分理由。”**

例如，被要求做一个演讲，并不是在幻灯片中附加视频、花哨图表和一页又一页数据的充分理由。你是否经常被迫耐着性子听完这样一个演讲：演讲使用的幻灯片有很多页，或者每页幻灯片上有非常多的文字，或者所有东西都让你感到太多了。请思考一下，这真的是你想为别人创造的一种体验吗？

IBM公司传奇般的崛起经历中，有一个极易被忽略但关键的时刻，它揭示了一种更好的工作方法。[3]路易斯·郭士纳（Lou Gerstner）在刚刚就任 IBM 首席执行官之后邀请高管之一尼克·多诺弗里奥（Nick Donofrio）在公司会议上发言。郭士纳回忆说："当时，任何重要的 IBM 会议的标准演讲模式，都是用投影仪和幻灯片上面的图表来进行演示。IBM 的人把幻灯片称为'薄片'，谁也记不清要这么做的原因了。当多诺弗里奥演示到第二张'薄片'的时候，我走到桌旁，在他的团队面前尽可能礼貌地关掉了投影仪。在一段长时间尴尬的沉默之后，我坦率地说：'咱们只谈正事吧。'"

这才是大多数演讲的重点："只谈正事。"所以，下次你要写报告、做演讲或者进行推销宣传时，请抵制想添加附加部分所带来的诱惑。它们不只干扰你，它们也干扰你的受众。这就是为什么当我做演讲的时候，我只用 6 页幻灯片，上面总共不到 10 个词。

我们很少需要跑 2 千米，跑完 1 千米就比哪里都没去要更好。

能省则省，把握不为人知的简单性

苹果最优秀的产品设计师团队与史蒂夫·乔布斯会面并展示了他们的设计。这款产品允许用户将储存在电脑上的音乐、电影和数码照片刻录到 DVD 光盘上，它最终面市时叫 iDVD（如今已经不存在了）。设计师团队希望博得老板的称赞，因为这是一款拥有漂亮、简洁设计的产品。在呈现它众多特性和功能的同时，设计师团队还为它的精简度感到自豪，要知道原始版本的使用手册长达 1 000 页。

但团队成员很快发现，乔布斯心中另有想法。他走到白板前，画了一个长方形，然后他说：“假设这是新的应用程序，它有一个窗口。当用户把视频拖进这个窗口，然后点击‘刻录’按钮就完成了刻录。这才是我们要做的产品。”[4]

参与会议的产品设计师之一迈克·埃万杰利斯特（Mike Evangelist）很震惊。他说：“我至今还保留着为那次会议准备的幻灯片，它的复杂程度令人感到荒谬。”回顾这件事的时候他才想清楚，“任何多余的东西都会变成阻碍”。埃万杰利斯特告诉我，他最大的感悟是，在设计这个产品时，他和他的团队当初采取了错误的方式。他们以一个非常复杂的产品作为开始，然后尝试精简它。但乔布斯从另一个角度切入。他从零开始，然后尝试找出最必不可少的元素，以此来实现想要的成果。

我们已经习惯生活中所有事情发展过程的复杂性，却很少停下来质疑这一点。比如，在写作这本书的同时，我推出了一档播客节目。起初，我打算给每位访谈者发送一份包含 12 个步骤的说明：

1. 使用以下信息登录 Zencastr 网站：
   用户名：XYZ
   密码：ABC
2. 访谈开始前，点击从 Zencastr 收到的邮件中的链接。
3. 为确保最佳音质，当谷歌浏览器提示时，允许弹出来自 Zencastr 的通知。
4. 将 Zencastr 存为书签（点击谷歌浏览器地址栏右端的星标），此项是针对第 3 步的保障措施。

5. 确保麦克风状态检查显示“通过”。如果没有显示，请点击长方形音量条底部中心位置带有你名字的标签，查看问题所在，同时点击链接排除故障。
6. 确认你能听到我说话，并且我们可以通过 Zencastr 交谈。
7. 点开我发给你的 Zoom 链接，它应该也在“日历邀请”中。
8. 一旦进入 Zoom 视频，立即关掉 Zoom 的麦克风。
9. 在 Zoom 上启用视频。
10. 当我在 Zencastr 和 Zoom 上都点击录制，请确认你可以在两个软件上都看到录制图标，并与我进行拍手测试。
11. 然后我们开始吧！
12. 结束时，请在关闭窗口前先退出 Zencastr 账号。

这些步骤，即便只是读完我都觉得很麻烦，更不用说让我的访谈者遵循和照办了。于是我从零开始。我问自己：“别人通过 Zencastr 与我对话，最少需要几个步骤？”有了答案之后，我把过程简化成这样：

1. 访谈开始前，点击从 Zencastr 收到的邮件中的链接。
2. 开启录制和结束录制都由我来做，所以你要做的就只有聊天。

就这样，只需要简单的两步就解决问题了。如果你的生活中有些事情包含了过多的步骤，尝试从零开始吧，然后看看你是否能够找到一条可以少走几步，却殊途同归的路。

2001 年 2 月，17 个思想独立的人在雪鸟（Snowbird）的洛奇酒店（The Lodge）会面。雪鸟是犹他州的滑雪胜地，位于瓦萨奇山脉。他们在山上休息、聊天、吃饭、滑雪，期间还谈论到软件开发。谁曾想他们在那个周末的谈话变成了一份如今被广泛传阅的文件，名为《敏捷软件开发宣言》（*Manifesto for Agile Software Development*）。[5] 在这里，他们为能开发出更好的软件制定了一套原则，即通过消除障碍和阻力来创造一种轻松的用户体验。

《敏捷软件开发宣言》的 12 条原则之一提道："简化是必不可少的，技巧是能不做就不做。" 他们借此表达的是，如果可以通过更少的代码和设置为客户创造价值，那就最好这样去做。尽管这个原则针对的是软件开发，但我们可以把这个说法应用在任何日常事务之中："简化是必不可少的，它的技巧是能不做就不做。" 换句话说，不管我们的终极目标是什么，我们应该只专注于那些能够带来价值的步骤。每一个非必要的步骤都伴随着机会成本，因此，每去除一个非必要步骤，都会使我们获得更多时间、精力和脑力，并将它们用于重要事项之中。

你可能会惊讶地发现，仅仅几个步骤，就可以完成那么多看似复杂的目标和任务。**正如安迪·贝努瓦（Andy Benoit）① 所观察到的，大多数天才取得成功靠的并不是解析烦琐的复杂性，而是利用不为人知的简单性。**[6]

---

① 安迪·贝努瓦，美国体育专栏作家，主要关注的领域是美式橄榄球。——译者注

EFFORTLESS 轻松 TIPS

MAKE IT EASIER TO DO WHAT MATTERS MOST

1. 相比“简化步骤”，“删减步骤”能使过程变得更容易。
2. 几乎在每一个领域，“完成”都要远远好过“画蛇添足”。
3. 取得成功靠的并不是解析烦琐的复杂性，而是利用不为人知的简单性。
4. 确定最必不可少的步骤，把所有精力都用在重要事项上。

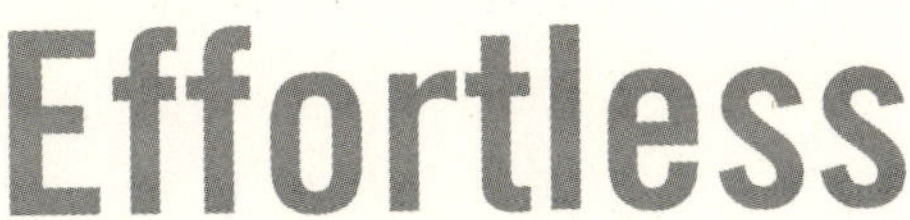

第 9 章

过程，拥抱“简陋的雏形”

不犯错误就无法领先。

There is
no mastery
without mistakes.

英国实业家亨利·克雷默（Henry Kremer）有一个梦想，他希望能够普及人类动力飞行。1959 年，他决心尽自己所能去实现这个梦想，于是创立了“克雷默奖”，他希望用丰厚的奖金激励设计师制造一款可以由单人驱动的飞行器。[1]

奖金有两笔，第一笔规定，率先驾驶人力飞行器在相隔 800 千米的两座高塔之间绕行“8”字的团队可以获得 5 万英镑的奖金。第二笔规定，率先驾驶人力飞行器飞越英吉利海峡的团队将获得 10 万英镑的奖金。这个任务相当于制造一辆“会飞的自行车”。考虑到当时人类在航空领域取得的成就，这似乎是一项很容易完成的挑战。毕竟整整半个世纪之前，奥维尔·莱特（Orville Wright）在北卡罗来纳州的基蒂霍克（Kitty Hawk）南部已经完成了飞行，而这距离人类首次横跨大西洋不间断飞行也有 40 年了。10 年前，查克·耶格尔已经突破了音障①，而再过 10 年，尼尔·阿

① 音障，又称声障。人们在实践中发现，飞行速度接近音速（340米/秒）时，会出现阻力剧增等一系列问题，因此人们曾认为音速是飞机飞行速度不可逾越的障碍，并将这种现象称为“音障”。1947年10月，第二次世界大战时期美国王牌飞行员查克·耶格尔成为第一个冲破音障的人。——译者注

姆斯特朗和巴兹·奥尔德林将会在月球上行走。然而现实是，不管这个挑战看起来多么可行，在过去的17年间，很多专业团队都在尝试过后宣告失败。

就在这时，保罗·麦克里迪（Paul MacCready）登场了。当时的他负债累累，根本没有什么团队，只有朋友和家人，就连年少的儿子也被他征召为飞行测试员。反观他的竞争对手们，都是人手充足、资金雄厚，打造着“庞大、复杂而外形美观的飞机”，这些飞机有巨大的机翼、木制“筋骨”，以及金属或重型塑料外壳。即使如此，这些团队还是没有拿到那些奖项。

起初，麦克里迪也不知道原因。后来他突然发现，大家都在努力解决一个错误的问题。真正的挑战不是一下子就制造一架能在两座高塔之间飞“8”字的完美飞行器，而是需要先建造一架大而轻的飞行器，原因是不管它多丑，它都可以在实验阶段坠毁后很快地被修理、调整、改动、再设计。就在那时，他突然想到了一个简单的办法。

麦克里迪和儿子立即开始行动，新飞行器的灵感来自自然界中最简单、最具航空动力学特点的模型：鸟类飞行。两个月内，他们的第一版“戈萨默秃鹰”（The Gossamer Condor）起飞上天。虽然它只有约25千克，且看上去很业余——尤其是与其他人制作的更时尚的作品相比，但重点就在于此。麦克里迪说：“如果它在着陆时坠毁，你可以拿一根扫帚柄和一卷强力胶带来修理。用胶带把扫帚柄粘上去就能继续飞，5分钟之内就搞定了，而同样的事故可能会让那些更大、更精致的飞行器差不多6个月没法飞行。所以我们比他们获得了更多的飞行经验。”

短短几个月的时间里，“戈萨默秃鹰”共飞行了大约222架次，有时候一天要飞好几次。这可能是一些竞争对手的飞行器永远都达不到的数字。在第223次飞行中，“戈萨默秃鹰”完成了“8”字挑战，并赢得了第一个“克雷默奖”。两年后，“戈萨默秃鹰”成功飞越英吉利海峡，使麦克里迪赢得了第二个“克雷默奖”。

他成功的秘诀在于极其聪明地领悟到，他不需要在飞行科技方面取得什么高级突破，专注于飞行器的外形精美和复杂实际上有碍于事情的进展。一架可以在坠毁后迅速修复和改进的丑陋飞行器则能让真正重要的事情更容易取得进展。原来真正重要的事情是，我们需要制造一个飞行器，让它可以像麦克里迪所说的那样：“左转，右转，在开始和结束时飞得足够高。”

同理，在你完成一项任务时，如果你想“制造一个更好的飞行器”，不要试图让所有事情都一步到位。相反，应该拥抱那些“简陋的雏形”，这样你就可以迅速完成坠毁、修理、调整、改动、再设计的过程。在你学习、成长和解决重要问题的时候，这是一个更容易的方法。

非凡的突破常常从“垃圾”中诞生

很多人由于误解了创造的过程而无法创造出精彩的东西。同样，我们看到一些优秀或者美丽的东西时，会想象它从一开始就是美好的，就像我们所看到的尤达宝宝①那样。但事实恰好相反。

皮克斯公司前CEO埃德·卡特穆尔曾经说：**“皮克斯故事中的每个角色都始于一个丑娃娃。”**[2]根据卡特穆尔的说法，他们最初的草图“拙劣而不成型，残缺而不完整”。这就是为什么卡特穆尔一直在努力营造一种为此类“垃圾”创造空间的文化氛围。**因为他明白，如果创作过程中没有产生数百个糟糕的想法，最终就不会有“巴斯光年”这样的好角色。**如他所说：“皮克斯的创立是为了保护我们导演的丑娃娃。”

辉瑞制药公司有一个名为“敢于尝试”的项目，阐明了7种特定的行为来督促创新。例如，“新鲜感”鼓励员工在新的地方找到新的创意；“活泼”激发员工孩子般的好奇心和乐趣；“温室”保护员工的早期创意免受苛责，不管看起来多么像垃圾，都允许其成长。[3]

成就非凡者很容易排斥“从垃圾开始”的观念。他们在事情进展过程中的每一个阶段都以高标准要求自己，追求完美。但是他们的标准既不现实，又鲜有成效。

例如，很多人把学习一门新语言当作一个重要事项，这是一个对他们很重要的梦想。可是他们却不练习用新语言与他人交流，因为他们觉得不好意思。他们希望一张口就能说得完美无瑕，或者至少不要闹笑话。不过，我的一个教西班牙语的朋友不这么认为。他是斯坦福大学法学院的博

---

① 尤达宝宝指的是“星球大战”系列中的角色格洛古，在《星球大战：曼达洛人》中出场。由于格洛古与该系列的另一角色尤达大师是同一种族，并且他正处于婴幼儿时期，形象可爱，因此被影迷称为“尤达宝宝”。——译者注

士，随后在普林斯顿大学也获得博士学位。学生时期，他就已经认识到，学习一门语言时，多犯错误会让人学得更快。后来教学时，他让学生们想象自己有一个装满 1 000 颗珠子的袋子，每次在与他人交流时犯了错误，就拿出 1 颗珠子。当袋子被掏空的时候，他们大概率会非常精通这门语言。**因为犯错越多，进步就越快。**

你是否有想学的新东西，但感到无从下手？你是否知道有些东西会给你个人或职业带来巨大价值，却被通往目标的漫长道路吓退了？那就实践一下“一袋珠子”的方法，转移你的注意力，在开始的时候尽可能多地去犯错误吧。

不犯错误就无法领先。没有成为“垃圾”的勇气，就无法成就学问。比如说，最近我决定参加一个人身保险的考试。通过这次考试的一个方法可能是，带着每次测试题都要拿满分的目标，我先认真彻底地翻阅堆积如山的教材，观看所有录像，详细地做笔记，记住所有内容，然后再去做测试题。然而，这样的方式实在太难了。可能我会在前两次做测试题时拿下高分，但随后就精疲力竭，放弃努力，最后连考试都没参加。与之相反，我决定在没有任何准备的情况下直接做测试题。预计自己大约会答错 50% 的题目，但实际上这就是我的目标：用最快的方式犯错，尽快找到薄弱环节。我不想把时间和精力浪费在自己已经会做的题目上，我想花时间攻克我不会的题目。最初的几次测试，我得到了很垃圾的分数。我查看了自己做错的地方，然后针对这个部分进行了更多的测试。很快，我的分数不那么垃圾了，后来变得更高一些，最后我通过了考试。

不完美就是完美

允许自己失败是需要勇气的。失败很吓人，它令我们变得脆弱，而且失败的代价越高，就需要越大的勇气。鉴于我们的勇气储备有限，我们要找到一种方法，用尽可能低廉的成本体验失败，并从失败中学习。

例如，当我的孩子还小的时候，我们想趁着犯错成本较低，让他们有机会在财务方面犯错。毕竟，我们宁可孩子在 8 岁和 10 岁时在零花钱方面犯错，也不愿他们成年之后在毕生积蓄上犯错。所以我们给他们 3 个玻璃罐来存钱：一个用于慈善，一个用于储蓄，一个用于消费。当他们收到零花钱时，可以自己决定如何分配。对于应该存多少、花多少，我们没有给出任何建议。我们想让他们自己做决定，尤其是做出那些垃圾的决定。比如，我们的儿子有一次用存下的 40 美元买来一辆电动赛车，然后他后悔了。他后悔自己没有用这笔钱来购买乐高积木。现在他是一个 14 岁的孩子了，正在为购买一项重要的服务而存钱，这将花费数千美元，而我相信他不会后悔。**这是因为，他已经从代价较低的错误中吸取了教训。我将这类错误称为"学习型错误"**。我们不希望孩子通过艰难的方式学习理财，而是想让他们通过既简单、代价又低的方式学习。

为了在重要事项上轻松地取得进展，我们必须鼓励"学习型错误"。然而这并不是让你自己或其他人一直做低质量的工作，而是放下事事追求完美所带来的非必要压力。正如领英联合创始人里德·霍夫曼[①]对他新聘

① 20世纪90年代在贝宝担任高管的埃隆·马斯克、彼得·泰尔和里德·霍夫曼，以及该公司其他一些早期高管。他们后来都成为著名企业家。——译者注

请的幕僚长本·卡斯诺查所说的："为了能快速行动，我预计你会犯一些错误。我可以接受 10% ～ 20% 的错误率，如果这意味着你能够快速行动的话。"卡斯诺查回忆说："当我心中有了这个比例，我感觉被赋予了决策权，这是令人难以置信的解放。"[4]

毫无疑问，霍夫曼在创业和经商方面也秉持同样的理念。**"如果你没有为你第一次发布的产品感到尴尬，"他说，"那说明你发布得太晚了。"或者换句话说："在产品发布方面，不完美就是完美。"**

不停犯错比碌碌无为更可贵

另一种让失败成本尽可能低廉的方法是保护我们的"垃圾"不被自己头脑中严苛的批评所伤害。与其为发球下网而感到羞愧，不如先为自己能登场打球而庆祝；**哪怕犯下最蠢的错误，也不要贬低自己，要为你不再重蹈覆辙而感到骄傲**；任何时候，当你对一些有意义的挑战感到无所适从时，都可以像对一个学步的孩子那样对自己说："你已经迈出了第一步。你可能觉得摇摇晃晃，但你已经开始了。你会做好的。"

你还要提醒自己，每一个伟大的成就在开始时都是垃圾，是的，每一个都是。正如爱尔兰剧作家萧伯纳曾经说过的：**"不停犯错的人生比碌碌无为的人生更加可贵，而且更加有益。"**[5]

我见过很多对写书有使命感的人，但他们常常在写下第一稿的第一章之前就放弃了。他们认为每句话都必须是完美的，或者接近完美才配得上这一页。这种想法甚至让他们无法动笔。我建议他们采用“零草稿”的方式。也就是说，你的第一章第一稿可以非常粗糙，甚至可以粗糙到不配被当作第一稿。

“零草稿”的理念就是写什么都行，越垃圾越好。它不必被任何人看到，也从不需要被别人评判。甚至不必把它当成一份稿子，它只是有字的纸而已。你会惊讶地发现，用这种方法让你的灵感涌现是多么容易。就像美国优秀诗人马娅·安杰卢说的：“当我要写东西时，我就随便写。然后，‘灵感’好像开始相信我是来真的了，于是灵感说：‘好吧，好吧，我来了。’”

玛格丽特·阿特伍德是一名多产的作家，她著有 18 部诗集、18 部小说、11 部非虚构类散文、9 部短篇小说集和 8 部儿童读物。她曾写道：“一个词接着一个词再接着一个词，就是一种力量。”[6] **即使是垃圾词句，也比一张白纸更有力。**实际上，垃圾词句真的有力得多，因为如果没有当时的那些垃圾词句，就不会有后来的著作。

因此，如果你认为从一开始凡事就必须完美，致使你对某个重要事项无从下手，那就降低“开始”的门槛吧。不管写书、谱曲、画画，还是其他任何需要创造性的事情，灵感都来自“成为垃圾”的勇气。

面对重要事项，我们可以从拥抱不完美开始，从有勇气“成为垃圾”开始。一旦开始了，事情会变得不那么垃圾，接下来会更好一点。**最终，非凡而轻松的突破就从“垃圾”之中诞生了。**

EFFORTLESS 轻松 TIPS

MAKE IT EASIER TO DO WHAT MATTERS MOST

1. 不要试图让所有事情都一步到位。相反，应该拥抱那些“简陋的雏形”。

2. 用尽可能低廉的成本体验失败，并从失败中学习。

3. 放下事事追求完美所带来的非必要压力。犯错越多，进步就越快。

4. 不停犯错的人生比碌碌无为的人生更加可贵，而且更加有益。

Effortless

第 10 章

节奏，
竭尽全力不如有所保留

设定行动上限，
找到轻松的节奏。

Set an upper bound to achieve effortless space.

在20世纪初期的大探险时代，探险家们梦寐以求的成绩就是抵达南极点。[1]这个挑战此前从来没人完成过，人类有记载的历史中也从未有过。生活在公元前320年前后的第一个极地探险家皮西亚斯（Pytheas）没有到过南极点，距离他1000年后的维京人没有到过，曾经威风八面的英国皇家海军也没有到过。

1911年11月，有两支队伍都计划率先完成这个艰巨的任务，领队分别是来自英国的罗伯特·福尔肯·斯科特（Robert Falim Scott）上校和来自挪威、有“最后的维京人”之称的罗尔德·阿蒙森（Roald Amundsen）。两支队伍面临一场“极地之争”。他们在几天内相继出发。这是一场2400多千米的赛跑，一场生与死的较量。确实如此，一队会凯旋，另一队可能一去不返。然而，看他们的日志，你绝对想不到这两队人马在不同时间段但完全相同的天气条件下走过了完全一样的旅程。天气好的时候，斯科特会让他的团队走到筋疲力尽；天气不好的时候，他们原地休息，斯科特会窝在帐篷里写日志抱怨。有一天，他写道：“我们在天气方面的运气太差了。与我们前人经历的天气相比，现在这种天气让我感到更加困难。”他在另一篇日志中写道：“我不相信有任何队伍可以在这样的天气中前行。”

但是有一支队伍却做到了。在类似的暴风雪天气里，阿蒙森在日志中写道:“这是一个讨厌的日子，我们经历了暴风雪、偏航和冻伤，但我们距离目标又近了 21 千米。”

1911 年 12 月 12 日，情节变得耐人寻味起来。阿蒙森和他的队伍来到了距离南极点 72 千米的地方，这比以往任何时候都更接近目的地。他们已经艰难前行了 1000 多千米，即将赢得他们生命中最伟大的比赛。锦上添花的是，那天的天气对他们有利。阿蒙森写道:“地面情况一如既往地好。天气棒极了，阳光普照。”在当时所处的南极高原，他们有理想的条件通过滑雪和乘雪橇的方式抵达南极点。只要奋力一搏，他们一天之内就能抵达。

但相反，他们最终花了 3 天时间。为什么？因为从旅程的最开始，阿蒙森就坚持要求他的队伍每天前行 24 千米。他们不多走，也不少走，最后一程也不例外。事实上不管下雨还是晴天，阿蒙森都不允许每天行进超过 24 千米。阿蒙森坚持要充分休息，并且在前往南极点的旅途之中保持稳定的行进节奏。斯科特则只在天气严寒的时候允许他的队伍休息，在天气转暖的时候命令他的队伍进行“非人的努力”。

这个显而易见的区别可以解释为什么阿蒙森的队伍获得了成功，而斯科特的队伍失败了。关于此次“南极点之争”，罗兰・亨特福德有一部引人入胜的著作。正如他在书中所写的那样，设定一个稳定、一致、可持续的行进节奏，最终让挪威人的队伍“不需要特别的付出”，便抵达目的地。

不需要特别的付出？！他们却完成了一项探险家们几千年来未能实现的壮举。当然，他们并不是每一天都很轻松。但即便在最恶劣的条件下，他们的目标也是可行的，因为有一个简单的原则：他们每天的路程不会超过 24 千米，无论如何都不会。1911 年 12 月 14 日，阿蒙森率领他的队伍成为有史以来第一批抵达南极点的人。然后他们安全地完成了约 2.6 万千米的返程之旅。当斯科特和他疲惫不堪、士气低落的队伍抵达南极点时，却发现他们比对方晚了大约 34 天。他们的返程之旅更加悲惨，队伍筋疲力尽，蹒跚前行。冻伤令他们付出了可怕的代价，最终一行 5 人全部冻死。有人在临终前写下记录，希望他们的朋友和家人有一天能够看到。

勉强为之，得不偿失

如果我们一开始就试图在某个目标或项目上取得过快进展，那么就会陷入一种恶性循环：我们累了，所以休息一下，但随后我们觉得必须弥补这部分进度，所以我们再恶补一下。例如，我有一个朋友，她很迫切地想要写完一份商务计划。所以，她决定把周末的每一分钟都用来做这件事。她勉强为之，这使她筋疲力尽，无法思考。接下来的几个星期，她的进展更缓慢了。她说："我一思考这件事，大脑就停工。"

十几岁的时候，我曾定下一个目标，在我成长的英国约克郡参加一场 5 千米越野赛。那天到来的时候，我很紧张。在父母和祖父母的注视下，我走上起跑线。尽管我感觉没有准备好，但如果我按照既定计划去跑的话，也能取得好成绩。我的既定计划是：慢慢跑。我喜欢那样跑：出发时慢一点，然后慢慢加速；从其他跑者身后超越他们，慢慢感受肾上腺素的涌动。然而，现实是我的紧张感占据了上风。比赛一开始，我就把比赛计划抛诸脑后，和其他选手一起冲过起跑门。我全速飞奔，跑了 100 米之后就被迫停下大口喘气。当我终于喘过气来的时候，悲剧已经发生——我落后了，并且一直都落后。这是很痛苦的事情。我在 60 名选手当中获得第 57 名。事后看来，我全速飞奔的代价远不只是这一场比赛的失败。由于这次失败令我感到太丢脸，我后来再也没有参加过任何越野跑比赛。

当我们试图完成一些重要事项时，全速飞奔的起跑很有诱惑力。问题是，开始时冲得太快，整个过程的进度反而会让我们在剩下的路途中被拖慢。用这种高开低走的方法完成重要事项总会付出过高的代价：我们在全力拼搏的时候感到筋疲力尽，在无力拼搏的时候感到无精打采、意志消沉。我们最终往往会像那些英国探险家一样：身心俱疲却仍然没能完成目标。幸运的是，还有一个选择：我们可以找到一种轻松的节奏。

设定行动上限，找到轻松的节奏

在我刚刚成为一名有抱负的作家时，我对写作充满激情和动力，但并不始终如此。有几天我会写作，有几天我会谈论写作，其他的时间里，我会谈论对写作的思考。与此同时，我有一个音乐家朋友决定写一本关于她歌曲的书。她创作过很多音乐，写过 3 000 多首歌，有 101 张专辑和 9 支康塔塔。[①] 她的音乐在世界各地播放，包括“美国国家祈祷早餐会”

---

① 康塔塔，指多乐章的大型声乐套曲，由管弦乐队演奏。源于意大利，后盛行于德国。——译者注

（National Prayer Breakfasts）、美国总统就职典礼，以及“奥普拉脱口秀”（*The Oprah Winfrey Show*）。我看着她这些年来以稳定的节奏获取成就，感到非常激动。那么作为一名作家时，她做得如何呢？[2]

事实证明，她做得也很棒。她决定选出 100 首歌，讲述每首歌背后的故事。她每星期写两个故事。“这样这件事就是可控的。”她解释说。写完两个故事之后，即便她有精力并且愿意多写，她也会停止这周的工作，因为每周两个故事就是她的上限。当我知道她的书在 9 个月内写完并送到出版社时，我惊呆了。那时候，我还在断断续续写我的书。

当你仍然有精力的时候，用有所保留的方式去完成重要事项看上去可能是反常识的。但事实上，这种克制是在效率方面实现突破的关键。正如著有 18 部畅销小说的莉萨·朱厄尔（Lisa Jewell）所说：“要调整自己的节奏。如果你写得太多、太快，你就会偏离主题，失去方向，而如果你不经常写，你会失去势头。每天写 1 000 字是一个不错的量。”[3]

2020 年 7 月，我采访了前铁人三项运动员本·伯杰龙，他是英国最健美的运动员。显然，他有足够的体能应对额外的工作。但他严格遵守着一项规矩：每天下午 5 点 25 分离开办公室，正是这个规矩让他在专业领域和个人生活中都表现出色。在清闲的日子里，他会在下午 5 点 25 分离开办公室。在忙碌的日子里呢？他也会在下午 5 点 25 分离开办公室，没得商量。哪怕他正在开会，只要 5 点 25 分一到，他都会不假思索地起身走向门口。现如今，和他一起工作的每个人都知道他不是有意冒犯，只是他工作时间的上限就是下午 5 点 25 分。

要达到轻松的节奏，没有比设定一个上限更好的方法了，不管是“每天的千米数”，还是“每天的字数”，或是“每天的小时数”。所有人都希望尽快实现自己的愿望，比如完成手稿、跑完5千米、推出新产品。因此，我们都觉得进展越快越好。毕竟，生活中很少有什么能比“完成”更令人满足。但是，我们过分热衷于完成某件事的时候很可能就会犯一个错误，误以为所有进程都能按计划进行。但计划赶不上变化。

我们的一个女儿，通过一件事避易就难地学到了这一点。我们让她负责照顾鸡（是的，我们养了鸡）。她需要做的工作包括收集鸡蛋、喂食和喂水。我们鼓励她每天都去做这些事，但她判断可以隔几天不做，每3天多做一些也是一样的。她争辩说，那样她就可以减少工作次数，每次收集3倍的鸡蛋，只要一次性留下3倍的食物和水就行了。然而，随后发生了意想不到的变化：天气变热了。这意味着鸡要喝比平常多的水，而且喝剩下的水也比平常蒸发得更快。最终，女儿很伤心地告诉我们，有一只鸡由于缺水而在高温中死掉了。

生活中有太多事情是我们无法控制的。天气无法控制，野火、飓风和新冠病毒无法控制。我们的孩子感冒了，车坏了，一个遇上难事的朋友需要我们关照，这些也都无法控制。当许多意想不到的危机可能出现并使我们偏离计划时，我们如何才能保持稳定的节奏？

冷战结束以来，美国军方使用VUCA这个缩写来描述全球环境：一个不稳定的（volatile）、多变的（uncertain）、复杂的（complex）和不明朗（ambiguous）的环境。为了应对这种新的常态，军方提出了几种也可在日常生活的“战场”上应用的策略，从而更轻松地应对重要的事情。[4]

策略之一体现在一句军事箴言中："慢则稳，稳则快。"[5]意思是，当你慢下来时，事情会更平稳；而当事情平稳时，你就可以行动得更快。战场上的步兵尤其如此。对于他们来说，事情的关键在于协调行动并且同时对各个方向的潜在威胁保持警惕，这种威胁通常是在携带武器的情况下。如果你停下来或者动作过慢，你就变成了易受攻击的目标。"但如果你移动过快，又会被包围和包抄，"清洁能源领域创业者和高级顾问乔·因德威克（Joe Indvik）写道，"如果你仔细观察精锐步兵的移动方式，会发现它看起来是这样的：他们移动时介于行走和奔跑之间，重点在于脚步快速但谨慎，举起武器的同时有节奏地朝各个方向扫描战场。"他说，缺乏经验的步兵总是狂热地冲锋上阵，给人气势十足的印象。这种方法的问题是，一旦处于危险之中，他们只能仓促避险，可能会躲到一个没有时间审视或评估危险的地方。就像谚语中的野兔①，这种"拔枪—收枪"的循环可能在当时看起来很迅猛，但在具体的环境中，从长远来看这是很低效的，还会受到不明威胁的困扰。

当你慢下来的时候，事情会更平稳。你有时间去观察，去计划，去协调努力。但是如果太慢，你会陷入僵局或者失去势头。这个道理不只在战场上适用，在生活和工作中同样适用。日常生活充满了复杂性和不确定性，因此我们在做事的过程中要设置合理的进度范围，并按照这个范围执行。

当我们想在一个重要事项上取得持续稳定的进展时，生活常常会干扰我们。我们可能原计划伏案工作一上午，结果却发现自己被"困"在会

① 美国原住民有句谚语说："同时追逐两只野兔，你将一无所获。"——编者注

议中。我们可能在日历上为重要工作预留了几个小时，结果却被孩子搞崩溃后无法工作。然后，为了弥补我们所认为的低产出，我们整个周末都在疯狂工作。我们知道，这会付出代价：工作质量下降、内疚感上升、自信降低。有一个更简单的方法是，我们可以设立上限和下限（如表 10–1 所示）。利用下面的规则：永远不要小于 X，永远不要多于 Y。

表 10–1　重要事项的上限和下限

重要事项	下限	上限
6 个月内读完《悲惨世界》	每天不少于 5 页	每天不超过 25 页
达到这个月的销售目标	每天不少于 5 个推销电话	每天不超过 10 个推销电话
一个月内每周都给家人打电话	通话不少于 5 分钟	通话不超过 1 小时
完成一门在线课程	每天都要学习课程	每天学习时长不超过 50 分钟
完成一本书的初稿	每天不少于 500 字	每天不超过 1 000 字

找到合适的范围，能使我们以稳定的节奏前行，这样我们就可以取得持续的进展。下限应该足以让我们感受到动力，但在遇到意想不到的干扰时依然可以完成。上限应该高到足以产生良好的进展，但不能高得让我们疲惫不堪。一旦我们进入这个节奏，事情就顺理成章了，我们就能采取“轻松行动”了。

EFFORTLESS 轻松 TIPS

MAKE IT EASIER TO DO WHAT MATTERS MOST

1. 用高开低走的方法完成重要事项总会付出过高的代价，最好找到一种轻松的节奏。

2. 要找到轻松的节奏，没有比设定一个上限更好的方法了。

3. 慢则稳，稳则快。在做事的过程中要设置合理的进度范围，并按照这个范围执行。

Effortless Results

How can we get the highest return on the least effort?

第三部分

轻松成果

EFFORTLESS RESULTS

导读

5 大杠杆，做能够产生复利的事

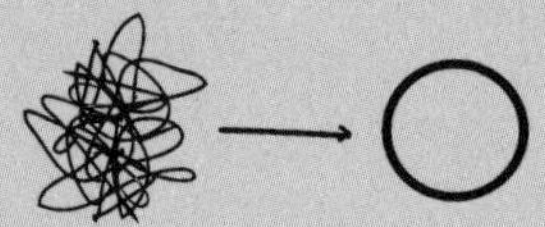

史蒂夫·纳什（Steve Nash）仍然保持着 NBA 生涯罚球命中率的最高纪录。[1] 他退役时的命中率纪录为 90.43%，要知道精英球员的平均罚球命中率为 70% ～ 75%。他是怎么做到的呢？纳什退役多年后，一名记者在采访他之后对他有这样的描述："看他投篮就像观看一套绝妙又细致的自动化操作，身体动作之精确更容易令人联想到钟表而不是人类。在我们共度的那个下午，他的投篮如此精准，以至于命中之后无须走过去捡球。因为他投篮入筐的角度，会让篮筐通过摆动把球甩回去，一次又一次，就像有磁力一样。"

这就是取得"轻松成果"的意义。它不是通过高强度的努力取得成果，而是一次又一次轻松地取得成果。**为了在生活中反复取得轻松成果，你只需要把产生线性成果的行为转变为产生复利成果的行为。**

这是什么意思呢？当你付出的努力创造了一个一次性的产出，你得到的就是线性的成果。每天你都从零开始。如果你今天没有付出努力，那么你今天就没有成果。这是一一对应的关系，你付出的努力等于取得的成果。任何领域中都会存在线性成果。例如：

一名员工工作 1 小时并获得这 1 小时的报酬，他获得了线性的收入。

一名学生为了应对考试死记硬背并得到相应的分数，他获得了线性的知识。

一个人今天决定锻炼 1 小时，但明天是否锻炼还需要另行决定，他做出的是线性的决定。

一名企业家只有在积极努力时才能赚钱，这是线性的商业模式。

一名志愿者服务 1 次并产生了 1 次影响，他做出了线性的贡献。

一个人努力“让自己”今天做某事，他采取了线性的行动。

一位父亲不得不每天都提醒孩子们做同样的家务，他在采取线性的育儿方式。

线性成果是有限的，它们永远不会超过你付出的努力。然而很多人没有意识到，其实还有更好的选择。

“复利成果”是完全不同的。复利成果是，你付出一次努力，就会一次又一次地收获好处。不管你是否又付出了额外的努力，都会持续获得成果。你睡觉的时候会获得成果，你休假的时候也会获得成果，复利成果几乎可以是无限的。例如：

一位作家写了一本书并在此后许多年里获得版税收入，他得到的是复利收入。

一名学生学习了基本原理之后可以在很多地方轻松运用它，他获取了复利知识。

一个人决定每天锻炼一次，他做出了一个复利决定。

一名企业家即使在休假 6 个月的情况下也能让业务运转，他拥有一套复利的商业模式。

一名社会企业家提供小额贷款并得到偿还，这样他可以一次又一次地向外贷款，这是一种复利贡献。

一个人每天习惯地、不假思索地、不费力气地做同一件事，他从复利行为中受益。

一位母亲把一大堆家务交给孩子去做并让做家务变得有趣，所以每天都无须催促孩子干活，她在进行复利式育儿。

是不是听起来好像我在夸大其词？并没有。如图 Ⅲ –1 所示，如果你已经习惯于“一个行为换取一个结果”，那么不断获得成果的想法可能看起来不太可信。但是我们可以利用一些工具，把我们适当的努力一次又一次地转化成“轻松成果”。

复利成果就像越滚越高的利息。本杰明·富兰克林对复利的概念总结得最到位，他说：“钱生钱，生来的钱再生钱。”换句话说，当我们收获复利时，我们是在创造“轻松财富”。[2] 这个原理也适用于对其他事物的追求。例如，我的一个朋友杰茜卡·杰克利[3]在东非做志愿者时曾经遇到一位名叫凯瑟琳的当地鱼贩。在凯瑟琳的村子里，人们对鱼的需求量很高。每天，她从中间人那里一次性购买半打鱼，然后在路边的摊子上售卖。但是她有 7 个孩子要养活，她希望自己能直接从渔民那里买鱼，以获取更高的利润。这样一来，她的行程将超过 100 千米，而她承担不起乘坐大巴车的费用或浪费在市场上的时间。要实现这个目标，她需要大约 500 美元的资助。

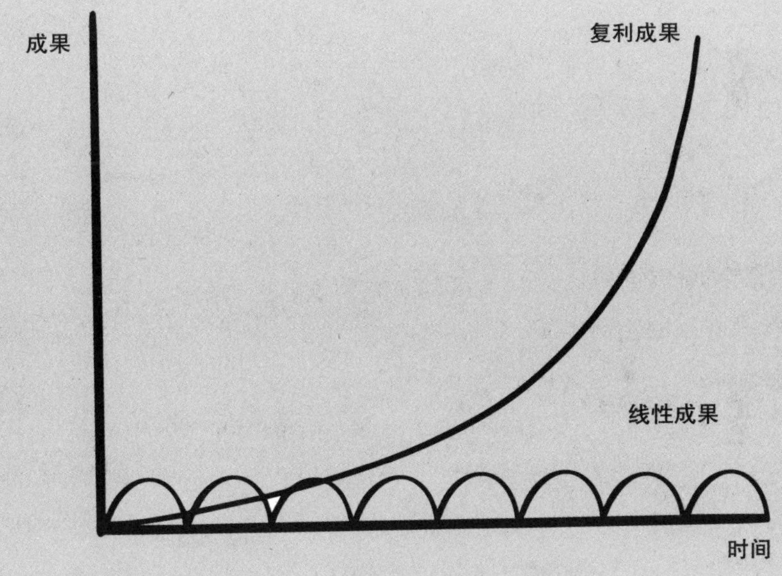

图 Ⅲ-1　复利成果和线性成果对比图

凯瑟琳这样的村民，再加上穆罕默德·尤努斯（Muhammad Yunus）[①]近期关于格莱珉银行（Grameen Bank）的一次演讲，这些事情激励杰克利与他人共同创办了一个名叫 Kiva 的平台。Kiva 是一个众筹平台，任何人都可以向发展中国家的企业家提供任何数额的贷款。但回报不会就此结束。因为贷款将以 Kiva 信贷的形式被偿还，当贷款被还清，或者超过 98% 的贷款已被还清，Kiva 就允许你将这笔资金再借给另一位企业家。这个循环可以无限进行下去。你的一次性投资变成了一次永久投资，在未来数年甚至数十年里为越来越多的企业家提供支持。杰克利不是简单地一次性赠予凯瑟琳 500 美元，而是创建了一个平台，这个平台已经发放了超过 13 亿美元贷款。这就是线性和复利的区别。

杠杆是使做功变容易的简单机械，它是一根固定在支点上的刚性梁。支点与梁上的受力点之间距离越长，移动重物或抬起重物所需的力就越小。换句话说，杠杆会使我们付出的努力效果倍增。当你玩跷跷板的时候，使用开瓶器或撬棍的时候，或者划船的时候，你都在利用杠杆原理。希腊数学家和机械工程师阿基米德被认为是第一个发现杠杆原理的人。[4] 他曾说，如果给他一根足够长的杠杆和一个支点，他可以撬动地球。我对于如何将杠杆原理应用到其他领域感到着迷。表 Ⅲ–1 是一些例子。

---

① 穆罕默德·尤努斯是孟加拉国格莱珉银行的创始人，他开创和发展了“微额贷款”服务，向因贫穷而无法获得传统银行贷款的创业者提供帮助。2006年，尤努斯获得诺贝尔和平奖。——译者注

表 III-1　　　　将杠杆原理应用到其他领域

	以适当的投入，获得复利成果
普遍性原理	随着时间推移，个人能力叠加 你一旦建立起自己的名望，机遇会在未来很多年里源源不断地出现 你深刻理解了基本原则，然后就可以很轻松地一次次利用它 你一旦养成了习惯，它会为你服务一辈子
白板传授	知识分享有强大影响力 教会别人怎么教学，你的影响力会有指数级的增长 构思一个好故事，它可以流传千年 我们教得越多，自己也学到越多
自动化	让某事进行自动操作，然后忘掉它，因为它会继续持久地工作 写一张备忘表，之后每天都可以用 写几行代码，或者雇人来写，然后它会重复执行几千次 写一本书，数百年后仍有成千上万的人可以阅读它
高信任协议	一旦雇对了人，他们会产生百倍的效果 当你减少了团队内部或团队之间的摩擦，一个接一个的项目合作就会顺利进行 当你建立起一个分工明确、有凝聚力的团队，在角色、职责、制度、奖励和预期结果方面就更容易保持一致
根除隐患	在问题发生之前就解决隐患，可以为你节省无尽的时间并避免问题的恶化 从根本上解决问题，你就可以防止它反复出现 现在就预防危机永远比将来解决危机更容易

当然，杠杆也有缺点，这取决于你撬动了一个什么样的杠杆。一个同样适度的力也可能产生令人惊讶的负面复利成果。一个坏名声会毁掉你数年的机遇；一个坏习惯会在数十年里危害你的健康；雇用错误的人，他们会用 100 种方式对你的业务产生负面影响；写下错误的代码，会导致

用户一次又一次操作失误。力的传递方向完全取决于我们。

解决问题的方法有两种：困难的方法是付出低效的努力，容易的方法是付出轻松的努力。我们可以借助杠杆来付出轻松的努力。接下来的章节将展示如何利用这个强大的工具来产生优质成果。我们将通过接下来的几章内容讲述如何发挥杠杆的作用，让你可以凭借适当的努力一次又一次地取得重要成果。

Effortless

第11章

学习，
掌握事物的基本原理

获得知识可以打开一扇机遇之门，
但创造知识可以带来源源不断的机遇。

Knowledge may open the door to an opportunity, but unique knowledge produces perpetual opportunities.

1642 年这一年，以天文学之父伽利略的去世开始，以牛顿在圣诞节的早产结束。[1] 牛顿出生时不到 2 千克，他的母亲说他“小到可以装进约 1 升的器皿里”，人们以为他只能活几天，但相反，他不但长大了，而且进入剑桥大学三一学院学习，写出了巨著《自然哲学的数学原理》（*Philosophiae Naturalis Principia Mathematica*），这本书也被简称为《原理》（*Principia*）。这部非凡著作最重要的贡献是，提出了运动学三大定律和万有引力定律，这些定律构成了整个物理学领域的基础。

这些定律解释了世界上的物质是如何运动的，描述了行星在太阳系中的运动轨迹，它们在推动科技革命和随后的工业革命方面发挥了关键作用。可以毫不夸张地说，这些定律改变了世界。没有它们，我们就不可能造出汽车，发明喷气式飞机，甚至把人类送上月球。

当然，牛顿的著作没有提供制造汽车、喷气式飞机和宇宙飞船的方法，但它们提供了更有价值的东西：一组日后可以应用于汽车工程学、航空学、宇宙航行及更多领域的原理。

当我们生活节奏加快，变得越发忙碌、不堪重负时，我们习惯于寻找一些容易操作的指导方法，拿来立即解决问题，不必劳神费力。但这是一种错误。为什么？因为方法仅在一种情况下有用，可以解决特定类型的问题，却无法反复使用。原理则可以被广泛和反复应用。在最理想的情况下，原理是普遍适用和永恒的。

换句话说，具体方法只能产生线性成果。如果追求的是复利成果，我们就必须究其原理。事实上，英文中的“原理”（principia）一词的意思就是“基本原则，根本的原因或因素”。[2] 基本原则就像知识的基石，一旦正确地理解了它们，你就可以反复应用。

美国效率工程师哈林顿·埃默森（Harrington Emerson）以其对管理领域的开拓性贡献闻名，他曾说：“就方法而言，可能有 100 万种，甚至更多，但原理很少。掌握原理的人可以正确地选择自己的方法，只尝试方法而忽视原理的人肯定会有麻烦。”[3]

探寻原理，摸索共性

并非所有知识都有持久的价值。有些知识只能用一次。比如说，你为了考试记住了一个事实，考试一结束你就把它忘记了；你在手机上浏览了一则有趣的新闻，几分钟后却意识到，你的大脑没有记住任何细节；你十几岁的孩子向你说明如何操作电脑，但当你做这件事的时候，那些说明就不再有意义了。

然而，另外一些知识能用无数次。如果你懂得事件为何发生或者它如何运行，你就可以一次又一次地应用这些知识。例如：

> 一名学生学会了所有学科的基本原理，他随时可以轻松地以各种方式应用这些知识。
>
> 一位母亲或者父亲如果学会养育儿女的基本原理，就能应对数百种不同的育儿挑战。
>
> 一名企业家如果了解客户的真正需求，就可以将这些知识应用到任何不同的产品和服务中。
>
> 一名管理者学会如何让她的团队团结协作，就可以在未来把这种方法应用在其他团队身上。
>
> 一个懂得如何做决定的人，总能做出正确的决定。

某些东西只需掌握一次就能使用无数次，这是很划算的。一次性的前期投入，会随着时间推移，让你一次又一次获得轻松成果。

《穷查理宝典》的作者彼得·考夫曼曾想弄明白“世间万物如何运转”。通常来说，这样一个崇高的目标有点儿夸张，甚至可笑。大多数人都会在探究这个问题之前就放弃了。于是，考夫曼找到一条捷径。他花6个月的时间读完了每一本线上发行的《探索》杂志末尾的简要访谈，一共144篇。每一篇都很短，但都是对科学领域某一方面的高质量总结，针对非专业读者而写，语言简洁，有清晰的例子和引人入胜的故事。

很快他就发现，可以把自己学习的东西分成三个数据库。第一个是最古老和最大规模的数据集合：无机宇宙。它涉及物理学和地质学，涵盖了地球130亿年的历史。第二个是生物数据库，是地球上的一切生命的相关数据。它涵盖了大约30亿年的历史。第三个是整个人类历史数据库，是我们作为一个物种所经历的相对短暂的时期。然后他从中寻找共性，找出三个数据库里的事物一致运转的原理。

在第一个数据库里，他找到了牛顿第三运动定律：每一个作用力都对应着一个大小相等、方向相反的反作用力。换句话说，对某个物体施加的力越大，这个物体反作用回来的力就越大。在第二个数据库里，他找到马克·吐温的一个例子：如果你抓住一只猫的尾巴会发生什么？它会反击你。在第三个数据库里，他找到类似的东西：我们如何对待别人，别人也会如何对待我们。

这种共性被他称为“镜像回报”，或者换句话说：“你付出什么，就得到什么。”想想我们可以怎样应用这种原理吧！发送一个感谢的短信，你会得到一条感谢的回复。真诚地对别人微笑，别人也会对你微笑。在交谈中向别人提供信息，作为回报，他们也会愿意与你分享信息。在一个研究“镜像回报”原理的实验中，一名研究员向600名素不相识的人送去了手写的圣诞卡片。[4] 每张卡片都包含一句话和一张全家人的照片。没过多久，他就开始收到回复了。最后他收到了近200张卡片。

普遍性原理不仅适用于科学，事实上，在理解他人的时候，这些原理也可以提供同样有用的思维捷径。

刚结婚的时候，我有一次想给妻子一个惊喜，我买了一张肉宴比萨，我知道她喜欢这个。结果如我所料，那天晚上她高兴极了。于是，第二天晚上我满腔热情地重复操作，又用肉宴比萨给了她一次惊喜。她简直太有礼貌了，直到我连续三晚给她“惊喜”，她才说：“哦，又是肉宴比萨？”显然，在这件事上，我曾成功使用的那种方法可以奏效的次数是：只有1次！

如果我不是重复使用这个方法，而是找出一个原理会怎样呢？比如捕捉到妻子的真实需求，思考什么事情是她真正看重的，什么事情是能够让她连续开心超过3天的。要得到这种深度洞察力，需要预先投入更多的精力。但是你一旦找到了，你就可以一次次地应用。

种下一棵知识树

许多人以为特斯拉和太空探索技术公司的创始人埃隆·马斯克有机械工程和火箭科学的学科背景，但实际上他创办这些企业时，对这两个领域都了解不多。有一次他被问道，如何把整个复杂的新领域这么快就“下载”到自己的大脑中：“我知道你读过很多书，雇了很多聪明的人并从他们身上汲取知识，但你得承认，你找到了一种方法，这种方法让你在头脑中装入了比任何人都多的知识。你是如何做到的？”[5]他回答说：“重点是要把知识看作一棵树。在你获取树叶也就是具体知识之前，确保你已经理解基本原理，也就是树干和大的枝杈。要不然，树叶就无枝可附了。”

换句话说，当我们有了坚实的知识基础，我们所学到的额外知识就有了“附着”的地方。我们可以把它安置在我们已有的思维框架之中。对人类学习方式的科学研究印证了马斯克的方法。研究表明，我们的大脑有一种改变的能力，也就是**“神经可塑性”**（Heuroplasticity），无论在单个神经元层面，还是在学习新技能的复杂层面上（比如制造火箭）都有所体现。当我们尝试学习新东西时，往往会经历一系列的尝试、失败和调整。导向成功的神经连接将得到巩固和加强。就像一棵树通过变粗变壮来支撑新枝杈的生长那样，我们的大脑神经也可以发展连接，把新的信息纳入我们已有的知识根基。与此同时，那些没有成果的连接会变弱，最终像枯枝一样被折断。[6]

正是由于对基本原理、基本法则的探索，马斯克彻底改变了新能源行业。他将宽带卫星发射到太空，设计了高速的超级高铁旅行系统，建造了更好的太阳能电池，并将宇宙飞船送往火星。理解事物的最基本规律，我们就可以用全新的、独特的方式运用它，马斯克就是一个生动的例子。

作为伯克希尔哈撒韦公司的副董事长，96 岁的查理·芒格不仅是巴菲特的得力助手，还是一名投资界的传奇人物。20 世纪六七十年代，芒格经营着一家年回报率超过 24% 的公司。如果你在芒格加盟哈撒韦公司的那天投资了 100 美元的股票，今天你已经拥有超过 180 万美元的收入。

大多数职业投资人都成了金融市场专家。他们研究驱动繁荣和萧条的经济力量，学习关于债券市场利率、宏观经济学和小盘股的一切知识。但是芒格采取了不同的学习方法。

以赛亚·伯林 1953 年的原创散文《刺猬与狐狸》（*The Hedgehog and the Fox*）[7] 重新演绎了古希腊诗人阿基罗库斯的寓言。阿基罗库斯写道：

"狐狸知道许多事，但刺猬了解一件大事。"① 吉姆·柯林斯对刺猬的喜爱是出了名的，他用刺猬式思维方法在商业世界取得成功。[8] 他认为狐狸缺乏专注力，浪费了精力。但阿基罗库斯的比较是想暗示，如果狐狸不只是知道许多事，而是懂得如何把这些事联系起来，它会做得更好。芒格就是一只把许多事联系起来的狐狸。

芒格对待投资和生活的方式，就是追求他所谓的"市侩智慧"。[9] 他相信，把诸如心理学、历史学、数学、物理学、哲学、生物学以及更多学科的知识结合起来，就可以创造出比各部分的总和还要伟大的东西。芒格认为，独立的若干事实是无用的，除非它们"在理论框架上相结合"。换句话说，整体要大于各部分之和。

独立的各种想法代表线性知识。但当它们相互关联时，这些想法形成了复利知识。芒格的助理特伦·格里芬（Tren Griffin）举了以下的例子：一家企业抬高了产品的价格，但卖出去更多。如果你只考虑经济学原理及其供需规律，这是讲不通的。但如果你也考虑到心理学原理，你会明白，买家认为更高的价格代表更高的品质，因此会买更多。

别人在其他领域最专业的知识可以帮我们拓宽认知范围。正如西北大学凯洛格商学院的研究人员在分析了180万篇科学论文之后所发现的那样，最好的新想法通常来自将某个领域的现有知识和其他领域的知识以一种"不常见的组合形式"相结合。[10] 这就是为什么芒格如此明智地相信一个原则："学习别人已经掌握得最好的知识。"如他所说："我不相信坐在那

---

① 在寓言里，狐狸式思维的特点是广博，而刺猬式思维的特点是专精。——编者注

里全凭自己空想就能解决问题，没人能那么聪明。”

跨界的思想交流孕育了新生事物。把传统事物变成新生事物往往是轻松创新的关键，这不只体现在科学方面，也包括投资、音乐和电影等各个领域。

在《冰血暴》(*Farge*) 等好莱坞大片家喻户晓之前，导演乔尔·科恩和伊桑·科恩第一部产生影响力的影片是 1984 年的新黑色犯罪电影《血迷宫》(*Blood Simple*)。科恩兄弟第一次读剧本时，担心它会落入传统侦探小说的俗套。于是他们拿出一把剪刀，从剧本的每一页中都剪下一个段落，然后把剪下来的部分装进牛皮纸袋，晃了晃，抛向空中。接着，他们把纸从地板上捡起来，随机放在一起，最后在此基础上重写剧本。传统的新黑色犯罪风格和变幻莫测的另类曲折剧情相得益彰，这使《血迷宫》一举成名。正如西北大学教授布莱恩·尤兹 (Brian Uzzi) 描述的那样，这部影片采用了“极端新奇的形式”，并将它嵌入“深层的传统”之中。

获取知识，更要创造知识

读书是世界上回报率最高的活动之一。聪明的人早已明白投入大约一个工作日的时长外加几美元买书的钱可以获得什么。阅读，特别是为了真正的理解而读，无论如何都会产生复利成果。不幸的是，很少有人会利用这一点。皮尤研究中心 (Pew Research Center) 的数据显示，一个典型的美国人每年只读完 4 本书，或者只读了其中的一部分。[11] 超过四分之一的美国人根本不读书。这种趋势还在恶化。

为了使你在阅读中获得最大收益，我推荐以下原则：

一是利用林迪效应（Lindy Effect）。这个定律指出，一本书的预期寿命与它当前的书龄相等。也就是说，一本书存世越久，它留存到未来的可能性越高。所以要先读那些存世已久的经典作品。换句话说，读者需要读经典、读老书。

二是为理解而读，而不是仅仅为了“打卡”。一种情况是，有些书我读过，但我没法告诉你关于它的任何事。另一种情况是，有些书我可能没有从头读到尾，但我经常回想其中的某个章节或段落，它们已经变成我的一部分。第二种情况可能不太像阅读，但我认为它更接近阅读的真正意义。一本好书可以改变你，让你与作者产生共鸣。

三是提炼你的知识。当我读完一本书，我喜欢在一张纸上用自己的话总结我学到的东西。如果你每本书都花 10 分钟来总结其中的关键知识，你会理解得更深刻。总结是一种提炼思想本质的过程，帮助我们把信息转化为认知，把认知转化为独有的知识。

1968 年墨西哥夏季奥运会预选赛中，大多数人都预料跳高运动员迪克·福斯伯里（Dick Fosbury）会垫底，毕竟他只是一名 21 岁的瘦小伙儿，土木工程专业的学生。他错穿了一双跑鞋，运动能力也受到质疑。媒体将他称为“两条腿的骆驼”，把他的跳高描述为“空中癫痫”，他作为一名异类而遭排斥。

从高中二年级开始，福斯伯里就在努力练习当时的标准跳高技术了。

令人难以置信的是，自 19 世纪苏格兰第一次有记录的跳高比赛以来，这项运动的技术没有发生过大的改变。跳高运动员从侧面或者正面接近横杆，用内侧脚起跳。技术上的细微变化使跳高世界纪录产生了同步的轻微提升，多年来，这种提升非常缓慢。使用标准的跳高方法，年轻的福斯伯里连约 1.52 米都跳不过去，这个高度是获得高中田径运动会资格所需满足的最低标准。他的教练敦促他再努力一点儿。然而，他越努力地练习这种方法越没有收获，这让他更有挫败感。

最后，福斯伯里决定尝试另一种方法。他知道，规则只要求运动员用一只脚起跳，并没有规定怎样越过横杆。所以，他开始运用自己日渐增长的工程学知识来试验其他的跳高方式。其中一种尝试是倒退着接近横杆，让头部先过杆，再让身体弯曲着越过横杆，最后把腿踢向空中——像一条抛物线。批评家们对此并不“感冒”，一家报纸给福斯伯里的照片配上这样的标题——“世界上最懒的跳高运动员”，另一个标题是“福斯伯里翻过横杆”。

福斯伯里不断打磨自己的技术。他新的“J”形助跑方式让他有了更高的初速度。他开始在起跳前最后一步旋转臀部，并用外侧脚起跳，而不是内侧脚。这样，当他的身体呈拱形越过横杆时，他面部朝上，身体重心位于横杆之下。福斯伯里利用他对物理学的所有认知创造了一种机械学上的优势，而且它奏效了。在跳高界，1968 年 10 月 20 日是一条具有标志意义的分界线。那一天，福斯伯里在墨西哥奥运会上赢得金牌，以“福斯伯里跳”（Fosbury Flop）震惊全场。在他之前，没有一名奥运会跳高运动员是面部朝上落地的。但在他之后，所有世界纪录保持者都是那样跳的。

福斯伯里技术的影响力不仅在于它坚实的机械学基础，还在于它的独一无二。福斯伯里所做的事情与其他人数十年来所做的事情是如此不同，以至于在跳高世界纪录的历史曲线中创造出一个曲棍球长度的峰值。如果仅靠基于原有技术上的逐渐进步，谁知道要花多长时间才能有这么大的提升。福斯伯里实现了每一个认真训练的运动员都怀有的梦想，他永远地改变了他从事的运动。

把没人做的事情做好，其价值大于把别人都在做的事情做精；而把没人做的事情做到极致，其价值将有指数级别的增长。哪些对别人来说很难的事情对你来说很容易？哪些事情是可以利用你已有的知识，让你更容易不断学习并提升？如果有，那么这是你创造知识的机会。

获得知识可以打开一扇机遇之门，但创造知识可以带来源源不断的机遇。你会获得信誉，人们会慕名而来，机遇会来找你。如果你是唯一绝对专业的人，你会获得难以置信的“杠杆效应”。换句话说，一旦你凭借“懂他人之不懂”名声在外，机遇就会源源不断地到来。例如：

> 一位有声誉的企业家，会一次又一次地获得资本投入。
>
> 一位有声望很高的演说家收到的预约会多到他无法全部接受。
>
> 一位声名远播的老师，他的学生会一个学期接着一个学期地排队来上课。
>
> 一位名气很大的律师可以有选择地接案子。
>
> 一位著名摄影师会被派往世界各地执行最佳任务。

我在《精要主义》一书中体会过这种机遇。我写了这本书，至今每天还会有读者联系我。

你需要做的就是获得独有的知识，在接下来的时间里吸引机遇。

EFFORTLESS **轻松 TIPS**

MAKE IT EASIER TO DO WHAT MATTERS MOST

1. 具体方法只能产生线性成果。如果追求的是复利成果，我们就必须究其原理。
2. 学习别人已经掌握得最好的知识。
3. 把传统事物变成新生事物往往是轻松创新的关键。
4. 独立的各种想法代表线性知识。当它们相互关联时，这些想法便形成了复利知识。
5. 把没人做的事情做好，其价值大于把别人都在做的事情做精。

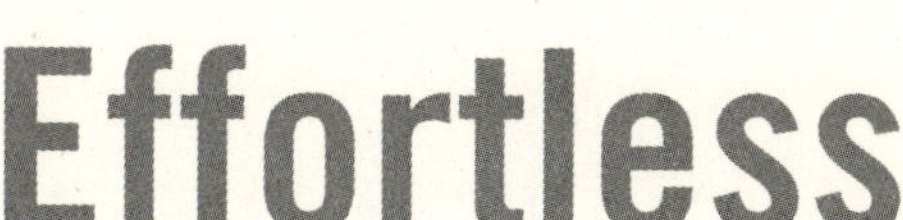

第 12 章

提升，
借助分享让影响力指数级增长

把最重要的事变成
最容易学的事。

Make the most essential things the easiest ones to learn.

新冠肺炎疫情在美国处于早期阶段时，医疗工作者曾面临医用口罩短缺的问题。随着商业生产的口罩供应持续缩减，美国急需一个更容易自己动手就能解决问题的方案。如果你需要为自己或你爱的人做一个口罩，最容易操作的方法可能是查阅资料，然后自己动手做。但如果你的需求是几星期之内制作数百万个口罩呢？加入“保护计划”（Protect Project）吧，这是犹他州各个社会团体之间的合作组织。他们的目标是在 5 个星期内制作 500 万个口罩。他们的方法是教会一批人怎样制作口罩，并让这批人可以轻松地再教会其他人。

第一批人接受的是直接教学。教学方法被录制成一个 5 分钟的视频，上传到“保护计划”组织的网站。这个视频详细地教会他人如何制作口罩，并召集志愿者参与其中。“保护计划”会提供原材料，志愿者可以带走尽可能多的原材料，回去后自己缝制或教别人缝制，然后把做完的口罩送回。

第 1 个星期内，10 000 名志愿者送回了 100 万个口罩。5 个星期内，50 000 名志愿者完成了看似不可能完成的制作 500 万个口罩的目标。想象一下，1个人、10个人或者100个人要花费多少时间和精力才能做到这些。这是一个巨大的成就，要知道，5个星期之前几乎没有一个志愿者知道如何制作口罩。

当我们想产生深远的影响时，把教学方法传授给别人，让别人也成为老师是最高效的。

讲一个故事，将你的听众变成他人的老师

几年前，我的祖父在纽约去世。家中仅剩我住在美国，所以由我负责整理他的公寓，并梳理他的所有物品。做完之后，我发现他没有什么遗物。只有一些书籍、衣物、画、照片和一本通讯录留下来。但是他的生活经历、对他真正重要的东西，都已经随他而去。我记得当我翻看他通讯录上的名字时，我不知道谁是他的一生挚友，谁又是一面之交。那些名字对我完全没有意义，但对祖父一定有特定的意义。突然，我发现了一个过去从未想过的问题：我们最终会把多少东西带离这个世界？不经意间，我们往往只留下一点儿少得可怜的线索给我们的后人。

令我惊讶的是，忘记前面的几代人是如此容易。大多数人都无法说出他们8位曾祖辈的姓名，想想看是不是这样。我们所讲的语言、所居住的地方以及所继承的历史，都是由祖先塑造的，而我们甚至不知道他们的名字。太多东西都在那些衰退的记忆中丢失了，以至于许多人到了一定的年纪都会被强烈的好奇心驱使，去搜寻关于祖先的一些线索。

事实证明，有一种容易得多的方法可以将我们的历史传递给后代：分享家庭故事。**故事是连接过去和现在的桥梁，它们让历史生动起来，它们扩展了我们的自我感知。**

我知道有一个每年聚会一次的家庭，他们聚在一起只为让先辈与他们同在。他们会带来相册，展示充满回忆的幻灯片，分享自己最喜欢的某个先辈的故事。他们已经这样做了 50 年。

借助故事的力量来进行教育是最好的方法。确实，好故事可以流传千年。想想伊索寓言就知道了。伊索是一位作家，同时也是一个奴隶。他生活在 2 500 多年前的古希腊。他想传授思想给众人，于是他通过令人难忘的故事来传授。他的故事很容易记住，也很容易分享，因此，这些故事及背后的思想得以口口相传。我们喜欢故事，故事容易理解，也容易记住。这让分享故事或教授故事更加容易。故事有一种力量，可以把任何听众都变成可以继续分享这些故事的老师。

把最重要的事，变成最容易学的事

教别人的过程也是一种快速学习的过程。即便只是意识到我们可能会被他人请教，也会增加我们对学习的投入度。我们更加专注，为了理解而听讲，思考内在逻辑，这样我们就能把这些知识用自己的语言表达出来。

自从写了《精要主义》，我很幸运地得到许多机会向他人教授原理并亲自实践。在教授过程中我也在继续学习。事实上，每次我教读者如何成为一名“精要主义者”时，我都会学到一些新东西，让我在自己的生活中变成一名更好的“精要主义者”。例如，在讲到“一名精要主义者如何应用那些理念”时，我受到启发，开始了一个新的实践。每天我离开家里的办公室时，我会喊出当时的时间。我像一个街头播报员那样喊：“现在是下午 5 点 01 分！”我很大声。我是为了好玩，但也是为了尽我自己的义务，像我所教的那样生活。

想想看，在我们不得不给他人指路之前，回忆我们走过几十次的路线有什么困难。或者，在你给别人讲完一部小说的情节之前，想想完全理解它有什么困难。

曾与我共事的一位大型国际软件公司的市场主管感到很沮丧。为了使整个公司思想统一，他投入了大量的精力。他向内外部管理顾问付费咨询，请他帮公司制定了一项策略，并向公司内部人员和客户做了介绍。然而情况还是一团糟。一些销售人员用一种方式理解，另一些人则用另一种方式来理解。员工们都有自己不同的理解，就好像大家在说不同的语言。在这个跨越 130 个国家、拥有 10 万名员工的公司里，仅仅让大家理解这项策略已经是一项艰巨的挑战，更别提实施了。

后来他想到一个新办法——“白板传授”（Whiteboard Sketch）：他把这项策略简化为一个白板草图，它很简短，可以在 10 分钟内讲解完。市场主管将它教给试点组，然后让试点组进行练习，他们在屋子前面互相教授。随后把试点组的人送去教其他团队。每个人都不只要学习这项策略，还要学会如何把它教给别人。任何人随时都有可能被叫去教其他团队。仅仅过了几个星期，他们理解上的差异消失了。一名德国的人事专员可以讲解，一名加州的财务经理可以讲解，并且都是以相同的方式讲解。这意味着客户也可以得到相同的信息。很快，这项策略的影响力开始成倍增加。之前这件事曾令大家徒劳数月，现在很轻松就取得了成功。

如果你试图教会人们关于每件事的每个细节，你就要面临什么都没教会的风险。如果你能清楚地识别、简化最重要的信息，并让别人学会怎么教授这些信息，你将更快地收获复利成果。

这些信息不应该只是“容易理解”，还应该“难以误解”。宝洁公司前首席执行官雷富礼把这称为“芝麻街简易规则”（Sesame Street-simple）。[1] **意思是不要使用过于复杂的信息，不要追求那种让你听上去很专业的信息，而要选择那些易于理解和重复的直白信息。要把最重要的事情变成最容易教，也最容易学的事情。**

EFFORTLESS **轻松 TIPS**

MAKE IT EASIER TO DO WHAT MATTERS MOST

1. 用故事把听众变成继续分享这些故事的老师。
2. 简化最重要的信息，并让别人学会教授这些信息，你将更快地收获复利成果。
3. 在教授过程中继续学习。

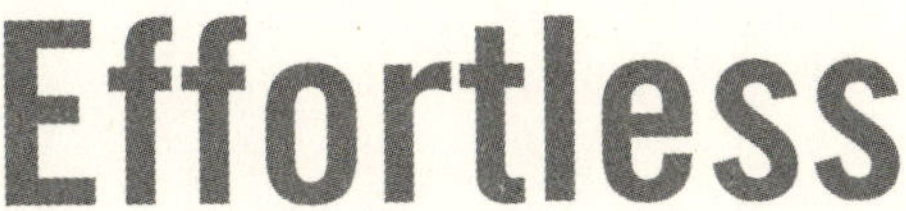

第 13 章

自动，
让行动不假思索

为重要的事
选择高技术含量的轻松路径。

Take the high-tech, low-effect path for the essential.

当我们的孩子还在蹒跚学步时，隔壁住着一个跟我们很相似的家庭。他们也有两个年幼的孩子，我们两家有相同的社交圈子，并且每个周末都会见面。我发现甚至连他们家的建筑平面图都和我们家完全一样。有一天，他们家的男主人马特跟我聊到他的膝盖手术。手术很顺利，但是康复过程却没有像预期的那样顺利。膝盖的疼痛不但没有消退，反而日渐加重。最终的真相是：医务人员把一个小的手术器械落在了他的膝盖里。

人们绝不会想到训练有素的医疗专家会犯这种错误。医务人员确实训练有素，他们不仅拥有顶尖医学院的学位，还积累了多年临床经验。然而，在这个复杂的手术中，他们极为粗心，犯了一个原本可以避免的错误。犯错的原因很简单：他们全凭记忆工作，结果，他们把工作中的一个关键步骤给忘掉了。人们总是说："要是医务人员一直记着某件事就好了……"但我这么看："要是医务人员不必去记着某件事就好了……"

英国哲学家、数学家阿尔弗雷德·诺思·怀特海说过：**"文明的进步，来自不假思索即可执行的重要操作的增加。"换种方式来说就是，我们应该尽可能多地让重要步骤和事项自动化。**[1]

备忘单，让行动不假思索

1935 年，波音（Boeing）、马丁（Martin）和道格拉斯（Douglas）三家航空公司同时竞争一个制造新型远程轰炸机的项目，这个项目利润丰厚。波音公司有望获胜，他们的 Model 299 轰炸机功能更加强大。它有 4 个引擎，而传统的只有 2 个；它可以携带 5 倍于规定数量的炸弹，而且射程是其前身的 2 倍。

然而决定命运的测试飞行之后，一切都改变了。Model 299 载着 5 名机组人员优美地冲出跑道，然后在约 91 米的空中失控，它急剧倾斜并坠向地面，最终导致两名机组人员丧生，其中包括试飞员普洛耶 · P. 希尔少校（Ployer P. Hill）。

希尔少校是一名有 17 年以上飞行经验的美国陆军航空兵团飞行员。调查发现，导致坠机的主要原因是他忘记松开方向舵和升降舵的控制装置。这是一个致命的错误。然而，更令人唏嘘的发现是，在应该执行那些必要操作的时刻，希尔正忙于操作大量的新型复杂程序。军方得出结论，他们认为 Model 299 虽然是当时技术最高端的飞机，但它程序过于复杂，无法单人操作，于是他们与波音公司的竞争对手道格拉斯签约了。但是一部分试飞员仍然相信波音的飞机更胜一筹，它会给美国带来独有的军事优势。只不过他们需要一个工具，让飞行员可以独自操控那些先进的航空技术。

正如外科医生兼畅销书作家阿图·葛文德博士在《清单革命》① 一书中所阐释的那样，希尔少校的悲剧性疏忽与我家邻居的医生原本可以避免的外科手术失误，源于同样的人类局限性。[2]

如今，人类从众多学科中获得了大量知识，它们对科学技术和人文精神的进步产生了非凡的推动作用。但正如葛文德所说，这种进步也有负面影响：专业知识惊人的体量和复杂性已经超出专家们可以掌控的能力范围。这就是悲剧性意外发生的真正原因。

人类的大脑有惊人的记忆存储能力。据美国西北大学的心理学教授保罗·雷伯（Paul Reber）估计，如果大脑是一台数码录像机，那么它有足够的记忆空间容纳 300 万小时的电视节目。但我们根据需要调用信息的“内存”，也就是我们的“工作存储器”，其存储量要有限得多。这至少在一定程度上解释了为什么高智商的人仍然可能会忘带钥匙，以及为什么资深医生也会忘记从病人膝盖中取出手术器械。“工作存储器”的局限性导致了本来可以避免的错误。

极端的复杂性只会增加认知负荷，让我们更容易出错。所以我们需要的不是积累更多的知识，而是新的技巧和策略，使我们能在不消耗“工作存储器”的情况下运用知识。或者像葛文德所说的那样，我们需要一种策略，“它建立在经验的基础上，借助我们已有的认知，在某种程度上也弥补了我们难以避免的人类局限性。确实有一种这样的策略，尽管它简单

---

① 掌握太多信息有时会给我们带来更多麻烦，阿图尔的这本书详细论述了这一点。这本书的最新中文简体字版已由湛庐策划，由北京联合出版公司于2017年10月出版。——编者注

到可笑，对于我们这些花费数年时间认真开发更先进的技术和科技的人来说，这甚至很疯狂”。

葛文德指的是一个不起眼却了不起的工具：清单。这就是我们需要的策略。葛文德在书中写到，波音试飞员使用了清单后，Model 299 多次飞行均平安无事。此后，美国陆军航空兵团订购了上千架飞机。Model 299 被重命名为 B-17，它在第二次世界大战中投掷的炸弹比美国任何其他飞机都要多，最终帮助盟军扭转了局势。清单帮助飞行员记住每一个必要步骤，尽可能少地占用脑力资源。清单不只适用于飞机飞行这种高度专业化的任务，随着世界变得越来越复杂，生活中方方面面都需要一些清单性的工具来帮助我们记住一些重要事项。**清单的美妙之处在于，思考已经提前完成，这些列在清单上的事项已经从大脑工作存储器流程中被剔除**。或者不如这样说，它已经融入流程之中。所以我们并不是偶尔才能做好那些重要事项，而是每次都能做好。

尽管技术含量低，但备忘单是我们手头上最有效的工具之一。它几乎可以让任何重要的事情自动化。清单是备忘单的一种类型，以下是一些其他的类型：

- 一名员工使用每日计划软件，可以轻松确定当天事项的优先顺序。
- 一名经理为每周会议制定议程，以确保会议涵盖了最重要的议题。
- 一名企业家每次推介会都带着一组幻灯片，这样就很容易记住最突出的要点。

- 一名教师给他的学生列出一系列写作技巧，让他们轻松地写出好文章。
- 一位家长创建一个家务值日表，让孩子们更容易记住每一天的家务由谁负责。

当然，这只是其中的一部分。备忘单的概念就是把大脑中的一些东西提取出来，这样你就可以自动完成它们，而不必依赖记忆。

解放大脑，用技术提前完成思考

你曾为全家去哪里度假而感到郁闷吗？家庭成员有太多意见，太多行程计划，太多选择。要是把信息汇总在一起，再来回沟通制定好行程，就要花费几个月时间。可怕的是，今年搞定这件事之后，明年整个过程又要再来一遍。

斯蒂芬·理查兹（Stephen Richards）和艾琳·理查兹（Irene Richards）有一个不同的想法。他们只是想让孩子们能够经常聚在一起，所以决心让选择目的地和计划新旅程的过程自动化。他们在美国蒙大拿州（Montana）投资了一个小旅馆。每年夏天，他们都会邀请孩子们过去随意住上一段时间。

当这种形式成为大家期待的仪式时，它开始"自我延续"。每年，他们的孩子们都会来。后来孩子们结婚生子，孙辈们也会来。他们的子子孙孙后来在这片区域建造了新的旅馆，于是前来度假的家族成员的规模继续扩大。整整 5 代人之后，这个家族现在仍然每年聚在一起玩耍、游泳并留下美好的回忆。每年夏天里的任意几天，都会有 30 ～ 40 名家族成员在湖泊旁边的沙滩上玩耍。有几天，参加聚会的人数超过百人。

做决定是一种精神消耗。每个人都有不同的偏好、条件和重点，要做出让几十个人都满意的决定不但劳神费力，而且几乎不可能实现。理查兹夫妇多年前的那个举措为他们一家 7 代人消除了这个负担，而且那个举措仍将继续发挥作用。没有人需要为了让整个家族待在一起而协调日程、选择目的地、预订酒店和规划活动内容。他们的度假计划是“自动化”的，而且与我见过的其他家庭度假计划相比，这样度假轻松多了。

乔舒亚·布劳德（Joshua Browder）在驾驶生涯的第一年共收到了10张交通罚单，当时 18 岁的布劳德不好意思地说：“不可否认，我开车时有点儿粗心。”[3] 但在布劳德看来，他的大多数违章行为要么不值被开罚单，要么就是英国停车执法人员，也就是声名狼藉的交通管理员工作失误造成的。所以布劳德决定上诉。法院认可了他的观点，他开始接连胜诉。没过多久，他就开始为其他人提供帮助，因为他熟知如何驳回不公正的罚单。上诉的过程比较程式化，一封套用模板的简单信件通常就足以避免一次无凭无据的罚款。虽然与官僚机构打交道对他来说很容易，但他发现，对老年人、残疾人和社会上其他弱势群体而言，这并不容易。这让他有了一个做点儿好事的念头。当时还是斯坦福大学学生的布劳德花了两星期时间建立起“不付款”网站（Do Not Pay），后来他还做了一款 App。他的网站被称为“世界上第一款机器人律师”，它把上诉程序自动化，供需要帮助的人使用。

在这个概念取得成功的基础上，布劳德很快增加了一项服务。该服务可以自动扫描用户电子邮件收件箱中的旅行预订信息，然后帮助他们在航班和酒店降价时省钱。任何人都可以仅凭点击“帮我解决问题”按钮，让整个过程被自动化接管。他的App帮助用户节省了时间和金钱。现在，通过它，用户可以安排与机动车驾驶管理处的预约，从外卖网站退款，取消垃圾邮件订阅，甚至可以自动将你拉入正在进行的对垃圾邮件发送者的索赔程序。

任何以最低限度的人工协助或努力来执行功能的过程都是自动化，它随处可见。其中有一些普通到我们没有意识到的自动化：洗衣机、洗碗机、冰箱。只有当这些东西发生故障或损坏时，我们才会想到，它们每天为我们节省了多少时间和精力。

另一些形式的自动化产品诞生的时间不长，但仍然让我们熟悉到不再注意它们：自动支付账单，可编程恒温器，提醒你购物清单上该有什么的虚拟助手等。这些工具正变得越来越智能。你的虚拟助手可以利用人工智能算法分析你过去的购物模式，在你的洗发水或者牙膏可能要用完的时候提醒你。你的恒温器可以了解你对家里温度的冷热喜好，并据此自我调节。已经有如此多的脑力劳动可以被转移到科技产品上，而且这一趋势只增不减。毕竟，自动驾驶汽车的技术都快成熟了。

2012年，亿客行（Expedia）的管理者发现，在他们的网站上，每100个预订者当中就有58人拨打他们的客服热线寻求额外的帮助。[4]客户打来电话的头号原因是，他们想让网站把他们的行程重新发送一次。这项需求为他们的客服热线每年增加了2 000万个电话，这个数量大约相当于每个澳大利亚人每年给这家公司打一个电话。当时的首席执行官说，按照他的保守估计，如果每通电话价值 5 美元，这就至少增加了 1 亿美元的问题。因此，亿客行不再继续逐个答复，而是让用户可以在网站上通过一个自动信息系统查询他们的行程。这不需要预先投入多少时间和精力，但这项举措的结果是，从那之后每天的电话减少了 43%。

这个简单的改变节省了时间和金钱，成效显著，于是该公司随后又推出了一系列自助服务功能，让人工智能和机器学习如何满足客户多种多样并不断变化的需求。负责亿客行用户体验业务的瑞安·奥尼尔（Ryan O'Neill）预计，最终将会有 90% ～ 95% 的用户服务功能完全实现自动化。

我们如何利用技术来使日常生活中那些真正重要的事情自动化呢？可以参考表 13-1 的做法。

表 13-1　利用技术使日常生活自动化

重要事项	自动化实例
健康	把体检安排在每年的同一天，定期循环预约 与牙医的预约定在每半年一次的固定日期 在药房为你的常用药设置定期交付和自动支付 让你的手机在睡前两小时自动调为夜间模式
人际关系	与最重要的人定期通电话或聚会 为朋友和家人的生日设置日历提醒 为生日、重要的纪念日和其他一年一度的事件预订鲜花或礼物

续表

重要事项	自动化实例
财务	每个月自动把工资的一部分存起来 安排每周一次的家庭会议，回顾全家的财务状况 安排与财务顾问的年度会面 利用跟踪支出情况的 App 自动编制预算 为你最珍视的慈善机构设立每月或每年的定期捐款
家庭	定期从网上订购家中的必需物品 制作一份年度安全清单，包括烟雾探测器和灭火器之类的物品 在网购的 App 中设置定期循环购物清单 基于你的健康目标，把饮食计划委托给一个 App
事业	定期与一位良师益友会面 每季度安排 1 小时回顾你的个人职业生涯目标 每天早晨腾出 5 分钟时间，阅读一篇关于某个重要话题但与工作无关的文章
娱乐	每天腾出 1 小时，做令你快乐的事情

在此需要格外注意的是：自动化可以对你有利，也可以对你不利。如果无关紧要的事项是自动化的，它们同样也会在你没有想到它的时候持续发生。以“自动续订”为例，我们总是认为自己会记得停止续订，但我们总是会忘记，然后在不知不觉中被收取了数月甚至数年的费用。有一次，我发现我在一项自己注册的在线服务上花了正常价格 10 倍的费用。在我发现之前，我实际上已经在几个月的时间里每月被收取 100 美元，而我以为是每月 10 美元。**因此，要为重要事项选择高技术、低成本的路径，对于无关紧要的事情则要选择低技术、高成本的路径。**

EFFORTLESS 轻松 TIPS

MAKE IT EASIER TO DO WHAT MATTERS MOST

1. 尽可能多地让重要步骤和事项自动化。

2. 备忘单是我们手头上最有效的工具之一。

3. 为重要的事选择高技术含量的轻松路径，为小事情选择低技术含量的高成本路径。

Effortless

第 14 章

信任，
与值得信赖的人一起工作

没有高度的信任，
就没有高绩效的团队。

You can't have a high-performing team without high levels of trust.

2003年，世界上最成功的投资者之一、伯克希尔哈撒韦公司董事长兼首席执行官沃伦·巴菲特有意收购麦克莱恩公司，该公司是沃尔玛旗下价值230亿美元的供应链服务提供商。我们几乎可以肯定，这项收购将是一项非常庞大而复杂的工作。

仅仅是尽职调查，或是确认被告知业务信息是否准确，都会耗费极大的精力。这需要数十名律师阅读每一份合同、设备租约、不动产购买文件和工会合同；需要一个会计师团队仔细审查公司年度、季度和月度财务报表中的每一项，排查每一项资产、留置权和债务；需要一队合格的官员来审计、调查和核实每一项资本支出、遗留技术和风险声明，还可能涉及调查该公司与其顶级客户之间的关系。这一切的费用加起来很容易就能达到数百万美元，而且需要6个月或更多时间来完成。不可思议的是，巴菲特仅凭一次两个小时的会面与一次握手就让这次收购成交。[1]仅仅29天之后，收购就完成了。巴菲特写道："我们没有做'尽职调查'。"根据他此前的经验，他说他知道一切会与沃尔玛所说的完全一样，事实也的确如此。

一场两小时的会议和一次握手就完成了收购？没有尽职调查？这是因为一方相信另一方会信守诺言，他们因此节省了多少时间、金钱和精力。**这个例子说明，信任可以成为杠杆，将适度的努力转化为复利成果。**

我们所有人都在以某种方式与他人打交道。其中的一些人在高度矩阵化的组织中，不只向一个人汇报工作，还要与内部和外部客户打交道，并需要在各自独立的部门或职能团体之间进行协调。另一些人在小一些的团队中工作，被期望能够灵活行使职责，迅速完成任务，并用最少的资源产生最大的效果。即使是我们这种为自己工作的人，也必须与委托方以及客户维持好关系，与供应商以及合作伙伴协调交付成果等。每件事都增添了一层复杂性：有些是可以避免的，有些则不能。

我们在个人生活中也都会与他人打交道。说起来，人本身也是复杂性的一种来源。我们的直系家庭、大家庭、重组家庭内部或彼此之间的时间表需要协调；我们的朋友群体中有各种人际关系需要经营；我们当地社区中有一些矛盾的意愿需要协商。

不管在什么情况下，与他人打交道都可能会让人有压力。在这个过程中，你必须分配精力，你必须维护关系，你必须在不同或相互矛盾的优先项中协调。想想看，当你和一大群朋友或家人聚在一起时，为决定去哪里吃饭要付出多少精力。涉及的人越多，协调起来越费力，即便是简单的决定也变得比原来更难。

想要共同完成一件事，有一个简单的方法。

当你对你的人际关系充满信任，要维护和经营人际关系就不那么费力了。你可以迅速为团队成员分配工作。问题出现时，大家可以开诚布公地讨论。成员们愿意分享有价值的信息，而不是隐藏起来。当有人不明白某事时，没有人会介意问问题。这样一来，决策的速度和质量都提高了，“拉帮结派”的现象销声匿迹，你甚至可能很享受大家一起工作的感觉。你的表现好得前所未有，因为你能够把所有精力和注意力集中在重要事项上，而不是在人际关系中劳神费力。

当你对团队的信任度较低时，一切都会很难。哪怕是发送一条短信或一封电子邮件就够让人头疼了，因为你要权衡每一个用词，你不知道别人可能会怎样理解。收到反馈时，你可能还会感到一阵焦虑。同样，每次与人交谈感觉都很磨人。当你不相信某人会按时完成工作时，你会觉得你需要查看他们的工作进度，提醒他们截止日期，在他们周围徘徊，检查他们的工作质量。或者你根本不会委派给任何人，你觉得只有亲力亲为才更好。最后，这项工作可能会完全停滞。

没有高度的信任，就不会有一个高绩效的团队。

我们都知道，汽车发动机需要加机油才能保持运转，但并不是每个人都知道确切原因：在发动机内部，许多高速运转的部件在相互摩擦时会产生摩擦力。机油是一种润滑剂，可以保持这些部件平滑运转，减少相互磨损。这就是你的车在发动机缺机油时会熄火、抛锚的原因。

这听起来和团队中的信任度是一个道理，对吧？每个团队里，许多人的角色和责任都相互关联，他们节奏飞快地忙碌着。如果没有信任，大家就会由于目标、优先事项和会议日程相互冲突而发生摩擦，产生内耗。如果成员之间没有信任，这个团队很可能停止运转或垮掉。信任对于团队来说，就像发动机的机油。正是这种润滑油使这些人一起平稳工作，让团队可以继续发挥作用。

在团队成员中或团队之间获得轻松成果的关键是，确保“发动机内部部件始终都有润滑油”。

“3I 法则”，聘用价值百倍的员工

利用信任来获得复利成果的最佳方式是选择值得信赖的人。

史蒂夫·霍尔（Steve Hall）是一名成功的企业家，他告诉我，他曾经雇用过一名管理员来帮助他管理汽车公司的财务。5 年之后，霍尔无意中发现了一个 30 万美元的会计差错。遭受质问时，这名管理员急忙认错，企图使这个差错看起来像一个无心之失。但霍尔和他的首席财务官持怀疑态度，他们不再信任她能担任这一职务，并决定找一名替代者。然而，这一切都发生在业务快速增长的时候，他们又不想应对潜在的业务中断。因此，他们最终决定支持她继续工作，而不是解雇她。5 年后，他们发现 30 万美元的“错误”已经发展成 160 万美元的偷窃。这名管理员得知自己原形毕露，就通过短信辞了职并逃离那座城市。公司里再也没有人听到过关于她的消息。事后，霍尔承认：“我的错误甚至比雇用一个我不信任的人还要糟糕。我雇用了她，她失信于我，但我后来还留了她那么久。”

雇用一个值得信赖的人吧。首先，这个人需要有诚实和可敬的品质，是一个你相信他能在无人监督的情况下保持高标准的人；其次，他要有责任心，是一个你相信他能承担责任的人，也是一个你相信他能做出正确判断的人；最后，他是一个你相信他能言必行、行必果的人，他无须你监督或密切监视，能充分理解团队目标，他和你同样非常关心重要待办事项。

巴菲特用 3 个标准来判断谁值得信任、可以聘用或有生意往来。**他寻找的人需要具备的品质有诚信（Integrity）、才智（Intelligence ）和主动性（Initiative），三者缺一不可，如果没有诚信，空有才智与主动性，可能会适得其反。**我称之为“3I 法则”。[1]

管理员的灾难事件过后，霍尔不得不寻找一名替代者。他和首席财务官没有简单地把整件事归罪于“一粒老鼠屎”，而是花了很长时间，努力探究导致问题发生的根源。这种坦诚的自我反省帮助他们认识到自己需要如何改进聘用流程。当初仅凭一名供应商随口一提的建议，他们就很随意地雇用了一位管理员。未来，他们决定实行一种新的流程。这需要预先投入更多的时间和精力，但霍尔现在明白了，在招聘、面试和入职培训方面一次性的明智投入，能够减少未来很多的风险。

他的新招聘标准反映了“3I 法则”。最后，他们雇用了一个没有汽车行业经验、曾在律师事务所做会计的人。但他在诚信、才智和主动性上表现完美。他是一名在道德上无可指摘的自我激励者，有随时解决问题的能力。或者说得更直白一点，他们真的信任他。这位名叫奥斯汀的雇员多年来都是公司的优秀员工。即使在这家公司被出售给一家“《财富》500 强”

公司之后，他仍然被留任。之后，他升职了 3 次。这名备受信任的雇员最终成为这家公司业绩最好的员工之一。

当你能够发自内心地说出“我相信你的判断”这句话时，一切就像施了魔法。团队成员感到获得授权，他们直面风险，他们成长，从而信任得到巩固。然后，这种关系会蔓延开来。正如高管教练金·斯科特在她的畅销书《彻底坦率》（*Radical Candor*）中所写的：“当人们信任你，并相信你会关心他们时，他们会更有可能在彼此间进行同样的行为，这意味着不必一次又一次地把石头推上山坡。”[2]

雇用某人是一个会产生轻松成果的一次性决定。你做对一次，那个人会回报给你百倍的价值。你做错一次，这个决定会令你反复付出代价。这就像因吝啬而使用劣质的机油滤清器，虽然可以让发动机在短时期内运转顺滑，但当滤清器开始渗漏，整个发动机就会出问题。

我们雇用谁是一个极其重要的决定，它会影响其他上千个决定。每一个新员工都会对未来的员工有很大影响，随着时间推移，他们会逐渐改变公司的规范和文化。

高信任协议，把适度的努力转化为复利成果

每一段人际关系都有 3 个当事方：甲方，乙方和支配他们关系的结构。当信任成为一个问题时，大多数人会把矛头指向对方。管理者指责员工，员工指责管理者；老师指责学生，学生指责老师；父母指责孩子，孩

子指责父母。有时候，我们也能够认识到自己是出现问题的一方，但我们几乎不会把问题归罪于双方关系所处的结构。

每段关系都有一个结构，即便它难以表述、不那么显而易见。其中，低度信任结构是一种预期不明确的结构。在这种结构中，大家的目标有矛盾或不一致，双方不知道彼此都在做什么，规则模棱两可，没人知道成功的标准是什么。这是一种优先事项不明确、激励机制失调的结构。

高度信任结构是一个预期明确的结构。在这种结构中，大家的目标是一致的，每个人的角色都有明确划分，规则和标准阐述得很清楚，创造优秀成果的人会受到优待、鼓励和奖赏。这是始终如一的，并不是偶尔如此。大多数人都同意：高度信任结构是更可取的。问题在于，低度信任结构通常是自动出现的，而不是有意为之。

我有一次雇了几名专业人员帮我改造住房。他们虽来自 3 家不同的公司，但多年来共同从事各种项目。他们彼此欣赏，看起来也都很能干，每一个人都受到了强烈推荐。我以为万事俱备，我会得到一次“高度信任结构”的体验。但后来我开始担心了，因为我曾向他们索要一份有日期的书面协议，却一直没有收到。我期盼着装修工作的开始，所以认为不值得为这件事停工。结果证明，这是目光短浅的。虽然团队中的每个人都能胜任自己的工作，但作为一个团队，他们的凝聚力非常差。他们没有并行工程，没有明确的工作流程。他们在一项工作完成之后，才会安排下一项工作。所以出现了有一些橱柜已经装好，而其他一些要再推迟几个星期的情况。

他们还存在沟通上的问题：有时候工人们准备干活了，但材料还没送到。他们在最后期限上无法达成一致意见。对于谁负责什么事项，他们也无法达成一致，所以有些工作被重复，另一些则被漏掉了。我们收到过一个尺寸有误的家用电器，后来不得不从另一家制造商那里重新订购，以适应现有的空间。

最终结果呢？住房改造项目延期交付，预算超支。参与其中的每一个人把每件事都搞得比原本更复杂。这就是低度信任结构的典型结果。

这件令人沮丧的事情过去几年之后，我受邀到精益建筑研究所（Lean Construction Institute）演讲。这是一个致力于解决建筑行业效率下降问题的行业协会。自 20 世纪 60 年代以来，其他劳动密集型产业的效率都有所提升，而当今美国仍有高达 70% 的建筑项目延期交付、预算超支。更令人担忧的是，每年有 800 起与建筑相关的死亡事件和数千起受伤事件。精益建筑研究所认为，“精益原则”（Lean Principle）是改善现状的关键。

一种解决方案是拟定一份独特的合同，他们把它称作“约定”（The Deal），它把每个参与者的报酬与整个项目的成果而不是与个人贡献联系起来。用这种方式调整激励手段，鼓励各方作为一个团队工作，做出有利于整个项目的决定，而不是只满足他们自己的利益。这样一来，他们不只体验到当家做主的感觉，还能积极主动地让整个过程更加高效。

无论是改造住房，还是带领一支团队，我们都可以创建一个类似的“高度信任协议”，这让我们更容易共同把事情做好。即便对这样的协议只进行一次投入，也会产生红利。这并不难，一起坐下来，像表 14–1 这样写就行了。

表 14–1　高度信任协议

结果	我们想要什么样的结果
角色	谁来做什么事情
规则	必须坚守的底线是什么
资源	有哪些可用和需要的资源（人力、财力、物力）
奖励	怎样对进程进行评估和奖励

在任何关系中，花一点儿时间建立一个信任基础都是一种有价值的投资。它是一个杠杆，能把适度的努力转化为复利成果。

EFFORTLESS 轻松 TIPS

MAKE IT EASIER TO DO WHAT MATTERS MOST

1. 将信任作为杠杆，将适度的努力转化为复利成果。

2. 团队获得轻松成果的关键是，创建“高度信任协议”。

3. 利用信任来获得复利成果的最佳方式是选择值得信赖的人。

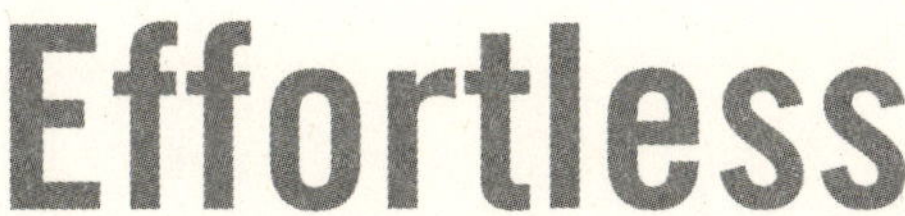

第 15 章

预防，
在问题发生前就“连根拔起”

把时间投入有长期效应的行动。

Invest our time
in actions
with a long tail.

1977 年，阿里·毛乌·马林（Ali Maow Maalin）在索马里马尔卡（Merca, Somalia）一家医院里担任厨师。当天花爆发时，他为当地官员做向导，协助他们把两名患病儿童送往隔离营。在与传染度很高的孩子们同行前应该接种疫苗，马林知道这一点，但注射看起来似乎很疼，另外一个理由是，这次行程只要 10 分钟，他相信与孩子们接触的时间不会长到自己被感染。当马林出现感染症状时，他已经与许多家人、朋友和邻居有过接触。随后，在世界卫生组织根除天花工作组的领导下，当地开展了为期两个星期的紧张工作，为该地区 54 777 人接种了疫苗，以确保病毒不再传播。如果当初马林接受一次注射，这些麻烦原本都可以避免。

这个故事有一个圆满的结局。这场险些爆发的公共卫生灾难，实际上是历时多年的根除天花运动的最终章，这场运动是历史上最成功的卫生干预行动。1978 年 4 月 17 日，世界卫生组织内罗毕办事处通过电报发出一条简单的信息："搜索完毕，没有发现病例。阿里·毛乌·马林是世界上最后一个已知的天花病例。"在卫生官员为世界大部分人口接种疫苗做出的协调和努力下，这种在 20 世纪致使 3 亿人死亡的病毒如今已经被控制在实验室里。

我们可能没有把“预防”当成取得复利成果的最有效方式，但是当一次“预防”使未来无数生命免于罹难，一劳永逸地解决了一个存在了几百年的问题时，你对它会产生全新的看法吗？

时间管理的长期效应

约翰打开书桌抽屉拿出一支笔，抽屉却关不上了，于是他开始了他的“日常操作”：他把抽屉拉开到最大，摇晃它，往前推，再抽回，挪动物品。他就这样弄了好一阵子。同事迪安·艾奇逊（Dean Acheson）好奇地问他这是怎么回事，原来是一个铅笔托盘卡住了抽屉。艾奇逊问他这个问题出现多久了，“两年，”约翰回答说，“两年来，它每天都让我烦恼。”解决这个问题需要多久呢？只需要两分钟。约翰马上就把它解决了。[1]

生活中有很多大大小小的问题，我们原本不需要忍那么久，但我们为什么容忍度那么高？因为任何时候，“应付”一个问题耗费的时间通常都比“解决”这个问题耗费的时间更少。在约翰的故事中，尽管耗时30秒的抽拉很烦人，但它还是比拆下托盘彻底解决问题花费的时间少。但是，当我们从长远角度看待这个算式时，它会改变我们的计算方式。一旦我们把今天、明天和之后数百天的时间成本加在一起，一劳永逸地“解决”问题就能讲得通了。在这个时长范围内把抽屉修好绝对是物超所值的，因为你用2分钟的努力防止了未来数百次的挫败。

这是一个令人印象深刻的“时间返利”。这就是我所说的“时间管理的长期效应”。**当我们把时间投入有长期效应的行动时，我们会在很长一**

段时间里持续获得好处。

有时候我们习惯了那些琐碎的烦恼，就像书桌抽屉里的铅笔托盘，我们甚至不会对它采取任何行动。即使被这些小事惹恼了，即使抱怨它们，我们也仍然不会真的把它们看成“值得解决”的问题。但是，我们常常没有意识到，一些在当时看起来“不值得去做”的任务，可能会在未来浪费你 100 倍的时间，而且越拖越糟糕。想要打破这种惯性，问问自己：

- 有什么事情让你反复烦恼？
- 这些年来“应付”这件事的总成本是多少？
- 你可以在几分钟之内马上采取什么步骤来推动“解决”这个问题？

目标是，找出可以用最短时间解决掉的最烦恼的事（如图 15–1 所示）。一旦问出这些问题，你会开始注意到你可以采取哪些小行动来使未来的生活更容易。

比如说，我曾经有一个客户开会时总是迟到。她知道这件事如果每次都发生就会损害她的名声和信誉。每次她看到日历上有重要会议时，都会感到极为焦虑。具有讽刺意味的是，她会由于太担心再次迟到而忘记时间，于是她最担心的事情又发生了。最后，她找到一个方法，可以在问题发生之前进行预防。每天晚上，她花 2 分钟时间检查第二天的日程，并设置一个提醒，这个提醒会在每次会议之前 5 分钟弹出。仅凭确认这些提醒已被设置好，她的焦虑就得到了缓解。很快，她在同行中摆脱了“总是迟到”的名声。

图 15-1 最短时间解决掉最烦恼的事

"砍伐树根"的惊人力量

美国作家亨利·戴维·梭罗在《瓦尔登湖》里曾经写道:"罪恶之树,千人斩枝,而一人伐根。"当我们只是"应付"一个问题时,我们就是在砍斫树枝,如果想在问题出现之前就加以预防,我们应该砍伐树根。如果你花了很多时间砍斫树枝,你可能会变得很擅长这么做。但如果你只做这一件事,那么这个问题会一直缠着你。它只是被"应付",从未被"解决"。你的生活或工作中有没有反复出现的问题或挫折?与其简单地砍斫树枝,不如试着砍伐树根(如表 15-1 所示)。

表 15-1　砍斫树枝还是砍伐树根

砍斫树枝	砍伐树根
医生通过多年的药物治疗和创伤性手术处理心脏问题	医生鼓励病人合理膳食、锻炼身体并定期检查
一名员工为项目延迟完工而反复道歉，向各方道歉	一名员工改善流程，使项目按时完工
一名教师不停抱怨学生上课注意力不集中	一名教师和家长及学生在学年开始前签署关于预期成绩的约定
一名学生疲惫不堪，因为他总是在交作业前熬通宵	一名学生在交作业前一星期，花 60 秒时间把每天写作业的时间规划好
一位家长每天都为收拾孩子凌乱的房间而唉声叹气	一位家长强化了孩子整理房间的好习惯

设计让生活不复杂的小行为

突然，玛丽的心脏停止了跳动，她的护士立即触发了蓝色警报。玛丽是来医院做常规膝关节置换手术的，术前身体状况很好。现在，一队急救人员正赶往手术室抢救她的生命。从蓝色警报事件中幸存的病人只有 15%，多亏急救人员的快速反应，玛丽成了幸存者之一。[2]

尘埃落定，玛丽的护士回想过后才惊觉，她错过了一些预警信号。心脏停搏前 6 个小时，玛丽说话和呼吸变得有点儿吃力，但由于她的生命体征很正常，护士没有在意。两小时后，玛丽的血氧降低，她告诉护士她感觉有点儿累，但护士认为不需要找医生，因为她担心发出错误警报。

研究表明，病人往往在心脏病发作前 6 ～ 8 小时就能表现出微小的预警信号。但医院工作人员通常要等收集更多能表明问题严重的证据，才会提请医生注意这些小问题，而在这时，预防危机发生的机会窗口往往已经开始关闭。

几年前，澳大利亚的医院配备了一套系统，利用这种机会窗口事先识别出潜在的心脏骤停迹象。他们创建了专门的“快速响应小组”，小组成员包括一名重症监护护士、一名呼吸治疗医师、一名内科医师或助理内科医师。他们公布了一份可能预示心脏骤停的触发条件列表，以及行动阈值。比如说，如果病人的心率跌至每分钟 40 次以下，或升至每分钟130次以上，即使其生命体征显示正常，护士也必须立刻召唤快速响应小组。这个系统很快就被美国的一些医院采用，它使蓝色警报事件减少了71%，死亡率降低了 18%。一名内科医师解释了快速响应小组方案的成功之处：“整个过程的关键在于时间。你越早发现问题，就越有可能避免危急局面的发生。”

就像你可以通过一些小行动让你的未来生活更加轻松一样，你也可以找到一些小行动来防止生活变得复杂。这个原理适用于所有领域。

“测量两次再切割”

2014 年，法国讽刺报纸《鸭鸣报》（*Le Canard enchaîné*）在法国的火车站注意到一个奇怪的现象。车站月台的间距看起来变得更宽了，但好像没人知道为什么。《鸭鸣报》的记者联系了法国国营铁路公司进行询问，但该公司的发言人三缄其口。于是，记者继续深挖。最后，新闻报道出炉：2014 年早些时候，作为推进法国铁路系统现代化的一部分，法国国营铁路公司花费 200 亿美元购买了 2 000 列新火车。法国人以这些现代化的、最先进的机器为荣，因为它们是法国制造的，而不是从其他国家进口的，这一点对他们很重要。但是有一个问题：法国有整整四分之一数量的站台窄了约 20 厘米，这个误差导致火车无法进站。当《鸭鸣报》公布这个重大失误、揭开内幕的时候，法国国营铁路公司早已悄悄地把 300 个月台削掉了约 20 厘米，但还剩 1 000 个没削。这最终花掉法国纳税人多少钱？6 500 万美元。

美国国家公共广播电台的记者罗伯特·西格尔（Robert Siegel）在采访《鸭鸣报》专栏作家时，问了一个大家都想问的问题：“作为一家从 1938 年开始运营的国家铁路公司，法国国营铁路公司购买的火车与这么多车站无法匹配，他们怎么会做出如此愚蠢的事情？”

最开始，答案并不明朗。接着，问责讨论开始了。法国交通部部长称这个错误是一出“滑稽剧”，并将矛头指向此前实施的决定，那项决定把法国国营铁路公司和国家铁路网公司分成两个独立的国营实体。最终，这个问题被追溯到一个简单且可以避免的错误上：为法国国营铁路公司提供测量数据的国家铁路网公司，只测量了那些建成不到 30 年的月台的宽度，就推断这是所有月台的尺寸。他们没有考虑到一个事实，法国很多地区性的月台建成于 50 多年以前，那时的火车比现在的要窄。一名国家铁路网公司发言人的评论更是帮了一把倒忙：“这就好比，你买来一台法拉利，想把它停在自己的车库里。后来你发现车库太小停不进去，你就认为原因是你以前没有法拉利。”

遗憾的是，另一位发言人证实了他们“发现问题时已经有点儿晚了”。事实也的确如此。一个小小的推断未经核实便被传达。结果，一辆火车造了出来，然后被买走，这个错误重复了 2 000 次。这是一种我们都犯过的错误，尽管与火车相比，规模要小得多。

许多人在童年的手工课上都学过这样一个规则：测量两次再切割。通常，只测量一次（或根本不测量）产生的是“一级结果”：这种结果是我们的行为所产生的直接和即时的结果。对应在法国火车事件这个例子中，就是国家铁路网公司对法国车站月台尺寸的一致性做出了错误的推断，并传达了错误的测量数据。但是，连锁结果不止于此。在一个各种事物相互关联的世界，一个单一的行为也可以产生“二级结果和三级结果”。这种情况下，错误的测量数据导致火车太宽，继而导致 300 座车站进行重大施工，然后导致 6 500 万美元的政府支出——这笔钱本来可以分配给学校、医院或者流浪人员收容所。

错误就像多米诺骨牌，它们有连续传递的效果。如果我们能在错误尚未造成损害之前“砍伐树根”，就不仅能防止第一片多米诺骨牌倒下，还能防止整个连锁反应的发生。

EFFORTLESS 轻松 TIPS

MAKE IT EASIER TO DO WHAT MATTERS MOST

1. 越早发现问题，就越有可能避免危急局面的发生。
2. 解决掉那些频繁发生的小问题，这会在未来为你节省百倍的时间。
3. 在错误尚未造成损害之前“砍伐树根”，防止整个连锁反应的发生。

顺势而为，人生会更轻松

不久前，我和家人搬进了一个田园式建筑风格的社区。街道两旁是白色的篱笆，没有路灯，步道比马路多。我们的孩子可以在外面玩很久，他们和小狗开心地玩耍，他们骑马、打网球。早晨，我们会一起散步、骑自行车。我们在花园里种了苹果、葡萄和甜瓜。总之，我们感觉自己生活的地方就像是地球上的一个小天堂。

我们有一个女儿叫伊芙，看起来特别有活力。她有点儿瘦，长着一双棕色的眼睛，有一头金色的头发，带着淘气的笑容。她从来不生气，就算她拼命想闹脾气，也只是持续几秒钟，接着就会突然笑起来。她喜欢亲近大自然，我们的几个朋友仍然记得伊芙第一次去他们家时是如何爬上一棵高 15 米以上的冷杉树的。她喜欢光着脚跑，喜欢在弹簧垫上和弟弟摔跤，一玩就是好几个小时。她给小鸡起名字。她小心翼翼地捉蜥蜴，一打一打地捉，捉完再温柔地放掉它们。

伊芙对阅读有强烈的兴趣，她如饥似渴地读关于马、蜜蜂和昆虫的书。她最喜欢的是一个系列冒险故事，讲的是英国约克郡一名兽医和农场的动物以及它们主人的冒险经历。她还会每天都在日记里写自己的冒险经历。有一次，我带着伊芙一起出差，我在机场给安娜打电话，告诉她在我们出门一个半小时的时间里，伊芙的话就没停过。那次旅途中的交谈活泼而有趣，不时夹杂着欢笑。

后来，伊芙 14 岁了，到了身高开始迅速增长的发育阶段，她开始经常感觉很累，跟我们说话的次数也变少了，做事也变得更拖沓。这是很符合青少年发育阶段特点的行为，至少我们当时是这么认为的。在一次与理疗师的例行会面中，理疗师注意到，伊芙对基础的反射测试反应不佳。他把安娜拉到一边，然后对我说："你可能要带孩子去看看神经科医生了。"我们马上就照医生的建议行动了。

从那时候起，伊芙的症状每天都在恶化。过了短短几个星期，她就只能用一个单词来回答问题了，声音含混而单调。我们注意到，她身体右侧的反应速度比左侧慢。她写下自己的名字要花两分钟，吃饭要花几小时。伊芙眼中那曾经鲜活明亮的光芒黯淡下来。后来当她病重发作入院时，那光芒似乎完全熄灭了。更糟糕的是，医生对此无法给出任何解释。他们甚至无从诊断。

我们每天都去见很多权威的神经科医生，他们看到我们时总是皱着眉头。还有一次，一位医生干脆对我耸了耸肩膀表示无能为力。检验一个接着一个，越来越多。所有的检验结果都是阴性。医生仍然找不出任何异常，甚至一点儿线索也没有。看着我们曾经活泼的女儿病情像自由落体一样急转直下却得不到任何解释，这简直太折磨人了。每次看医生都没有结果，每次检验都没有结论，前方的路越来越难看清。摆在我们面前的挑战不只让我们感到艰难，更让我们感到绝望。我们只想让伊芙好起来。这是最重要的愿望，更是唯一的愿望。

摆在我面前的有两条路。其中一条会让这个具有挑战性的形势变得更严峻，另一条会让这个具有挑战性的形势变得轻松一些。我们必须选一条路。看起来可能很好选择，但事实并非如此。

作为父母，用尽全力、采取一切手段解决这个问题是我们的本能。我们日夜都在为孩子担心。我们与全国的每一名神经科医生接触，看了一个又一个的医生，向他们问了不计其数的问题。我们通宵达旦地翻阅医学杂志，在网上搜寻治疗方法或诊断结果。我们研究替代医学[①]，把它作为一种潜在的选择。我们认为，情况的严重性要求我们必须付出超人般的努力，但这种毫无方向的努力是很难长时间维持下去的，而且还会产生令人失望的结果。

不幸之中的万幸是，我们选择了第二条路。我们意识到，帮助我们的女儿和整个家庭挺过这段时间的最好方法不是付出更多的“努力”。实际上，情况恰恰相反。我们需要找到一个方法，让每一天都变得轻松一

---

① 替代医学是主流医学之外，能补充主流医学的不足并提供主流医学达不到的诊断、治疗和预防方法的一个医学派系。——编者注

些。为什么？因为我们需要有能力在长度未知的时间里维持这种努力。我们根本不可能总是耗尽全力，这是不可能办到的事。**如果你的工作是让火焰在一段时间内保持燃烧，你不能一开始就把所有燃料都丢进火焰中去。**

所以我们决定某些事情我们不会去做，承认某些事情我们做不到。情况已经足够糟糕了，我们不想弄得更糟。我们不会用无法回答的问题折磨自己，不会由于想到最坏的情况而让自己过分忧虑，不会抱怨医生没有给出答案，不会逃避现实，或欺骗自己“没有那么糟糕”。我们不会试图强行制定一个时间表，也不会问“为什么是我们”。我们不会对好心人发来的医学期刊文献想得太多。

当然，我们也不会试着一个人承担所有。相反，我们决定专注于一些简单、轻松的事情，也就是那些我们可以掌控的事情：我们会围在钢琴周围唱歌，一起散步，一起读书，一起玩游戏。我们会去寻找一切值得肯定的地方，并指出来。我们会为彼此祈福，一起吃饭，在吃饭的时候相互敬酒。饭后，我们会坐在一起讲故事。我们一起欢笑着感恩生活。

我们就这样度过每一天，很快，我们就注意到一种近乎神奇的力量在起作用。我们感到负担似乎减轻了，感到不那么疲惫了，我们没有垮掉。

当然，担忧并不会彻底消失。我们仍然要继续预约医生，继续等待检验结果。有些日子特别艰难，充满泪水。但一路走来，我们还是会唱歌、欢笑、享受美食、制造美好的回忆。这段艰难时期里，我们不只是单纯地煎熬和强撑着，我们的体验是充满温情的。从决定选择那条轻松的道路开始，我们感到更加自由、更加放松了。如果这个故事是一部迪士尼影片，那么接下来就该写到伊芙如何被治愈，以及我们从此都过上了幸福的生活。但是并没有，经过一轮成功的治疗后，她的情况开始倒退，麻烦卷土重来。如果我们在第一轮治疗中就耗尽了全部精力，我们怎么能应对这次挫折呢？

现在已经两年了，伊芙的病情持续好转，但她还有很长的路要走。当我写下这些的时候，我们有理由相信她会痊愈，相信她会微笑、大笑、开玩笑，相信她能走路、跑步、摔跤，相信她能阅读、写作，重新恢复生机。我从这段经历中学到了什么？让我来与你分享吧。**不论你在生活中遭遇了什么事情，不论它们多么艰苦、有多重大，你都拥有“现在怎么做”的选择权，在处理那些问题之前，你必须先做出这个重要的选择。**

“现在”（now）这个词来源于一个拉丁短语“novus homo”，意思是变成“新人”或“新近被赦免的人”，其含义很明确：每一个新的时刻都是一个重新开始的机会，一个重新选择的机会。想想看，人生的轨迹是如何在最稍纵即逝的瞬间发生改变的。掌控一切的时刻我们会说“我选择”“我决定”“我承诺”或者“从现在开始……”，放下情感负担的时刻我们会说“我原谅你”“我很感激”“我愿意接受”，改正错误的时刻我们会说“请原谅我”“让我们重新开始”“我不会放弃你”或者“我爱你”。在每一个新的时刻，我们都应该有能力去塑造后续的所有时刻。在每一个时刻，我们都有选择权，决定走一条更艰难的道路还是更轻松的道路。

我们眼睁睁地看着女儿的灵魂像是永远地躲进了她的躯壳，但我们又郑重而艰难地选择重新振作。我写这本书也是对我个人的经历有感而发，我把我们学到和收获的东西用文字表达出来，把其中的原理和实践与你分享，正是它们点亮了我们生命中那些重要的旅程。

为了更容易地走完我们的旅程，尽力选一条更轻松的路吧。如果你从这本书中只能收获一个信息，我希望它是这样的：**生活不一定是艰难和复杂的。就像曾 4 次获得普利策奖的美国作家罗伯特·弗罗斯特（Robert Frost）写的那样，我们每个人都要“信守诺言，走完这段路才能长眠”。无论你面对什么样的挑战、阻碍和困难，你永远都可以去寻找一条更轻松、更容易的道路。**

注释与参考文献

引言　让关键的事情变得容易做

1. *The 10% Entrepreneur: Live Your Startup Dream Without Quitting Your Day Job* (New York: Portfolio/Penguin, 2016), 3–12.

2. 乔治·奥威尔的《动物农场》有很多版本，但在第三章的开头，博克瑟马被描述为一个强壮的工人，他对每个问题的回答都是“我将更努力地工作”。他以此为座右铭。在第九章，重病的博克瑟马奄奄一息之际，他仍在努力地说出这句座右铭。

3. 我采用的是这句广为引用的名句最简化的修改版本，原句是：“如果不是为了让生活对彼此来说没那么困难，我们活着是为了什么？” George Eliot, *Middlemarch: A Study of Provincial Life,* pt. 8, chap. 72; in Blackwood's 1872 edition, vol. 4, pp. 180–81. 这句引用的完整部分是：“利德盖特先生会明白，如果他的朋友们听到有人诽谤他，第一愿望必然是为他辩护。如果不是为了让生活对彼此来说没那么困难，我们活着是为了什么？一个在我身陷麻烦时给我建议、在我生病时给我照顾的人，我无法对他漠不关心。”

第一部分　轻松状态

1. “Elena Delle Donne Is the Greatest Free Throw Shooter Ever,” WNBA, September 7, 2018.2019 年，多恩加入了仅有 8 名男性球员的 50–40–90 俱乐部，这是个非常受尊敬的团体，“50–40–90”的意义来源于“在一个赛季中，投篮命中率 50%，三分球命中率 40%，罚球命中率为 90%”。Scott Allen, “‘Insane Numbers’: NBA Stars Welcome Elena Delle Donne to 50-Club,” *Washington Post,* September 9, 2019.

2. Carl Zimmer, “The Brain: What Is the Speed of Thought?,” *Discover,* December 16, 2009.

3. A. Tsouli, L. Pateraki, I. Spentza, and C. Nega, “The Effect of Presentation Time and Working Memory Load on Emotion Recognition,” *Journal of Psychology and Cognition* 2, no. 1 (2017): 61–66. 在一项关于工作存储器负荷的实验中，研究人员向参与者分别展示了恐惧、愤怒、快乐和不带感情色彩的面孔。结果显示，受试者能够在不借助工作存储器的情况下高效地识别快乐和不带感情色彩的表情，而识别消极的表情则需要更长的反应时间。结果表明，我们会更主动地识别环境中友好的人，但当我们遭受威胁时，就会开始利用工作存储器对他们进行适当的评估。

第 1 章 倒置，自觉追求“更容易”

1. “The Long History of the Phrase ‘Blood, Sweat, and Tears,’ ” Word Histories, accessed October 15, 2020. 1940 年 5 月 13 日，刚刚取代内维尔·张伯伦成为英国首相的温斯顿·丘吉尔在英国下议院发表演讲，他称自己“所能奉献的没有其他，只有热血、辛劳、眼泪和汗水”。此后，这个缩写版本的短句变得流行起来。原始的比喻可以追溯到 17 世纪早期的英国诗人约翰·多恩（John Donne）在诗歌《对世界的解剖》（*An Anatomy of the World: Wherein, by Occasion of the Untimely Death of Mistris Elizabeth Drury, the Frailty and the Decay of this Whole World Is Rep-resented*）中的句子：“……你的眼泪、汗水或鲜血，没有什么……”

2. Edward B. Van Vleck, “Current Tendencies of Mathematical Research,” *Bulletin of the American Mathematical Society* 23, no. 1 (1916): 1–14. 美国数学家爱德华·范·弗莱克在 1916 年写到了雅各比的方法：“正是通过将椭圆积分向内翻转，雅各比得到了他关于椭圆和函数的伟大理论。”

3. Robert Isaac Wilberforce and Samuel Wilberforce, *The Life of William Wilberforce* (London: John Murray, 1838). 威尔伯福斯去世 5 年后，他的两个儿子出版了他的传记，传记详细记载了威尔伯福斯自 1787 年开始的反奴隶制的活动。在写给牧师托马斯·克拉克森（Thomas Tlarkson）的信中，他称之为“有史以来最伟大的公益事业”。然而，就在同一年，他对实现目标的信心减弱了。在 4 月 5 日写给芒卡斯特（Muncaster）勋爵的信中，他说：“关于我的“外国奴隶法案”（Foreign Slave Bill），我承认，我承认，我对它获得上议院的通过不抱希望，但我不愿意将其束之高阁。”

4. 英国的枢密院令是君主根据枢密院的建议而颁布的命令。与立法不同，它不需要议会批准。

5. 虽然 1807 年该法案生效后，在英国买卖奴隶是非法的，但奴隶制本身又持续了一代人的时间。1833 年 8 月 28 日，《英国殖民地废除奴隶制法案》（*An Act for the Abolition of Slavery throughout the British Colonies*）宣布奴隶制为非法。更广为人知的“1833 年废除奴隶制法案”（The Slavery Abolition Act of 1833）宣布奴隶制为非法，该法案旨在促进奴隶解放事业，以及补偿当时仍然有权得到奴隶服务的人。这两项立法合起来被总称为“废奴法案”（Abolition Acts）。

6. Tim Ferriss, *Tools of Titans: The Tactics, Routines, and Habits of Billionaires, Icons, and World-Class Performers*(Boston: Houghton Mifflin Harcourt, 2016).

7. Arianna Huffington, *The Sleep Revolution: Transforming Your Life, One Night at a Time* (New York: Harmony Books, 2016), 4.

8. Warren E. Buffett, “Shareholder Letter,” in *Berkshire Hathaway 1990 Annual Report* (Omaha: Berkshire Hathaway Inc., 1991).

第 2 章　享受，“满足”不需要被延时

1. “Comic Relief Raises £1bn over 30-Year Existence,” BBC News Online, March 14, 2015.

2. Tim Urban, “Why Procrastinators Procrastinate,” *Wait But Why,* October 30, 2013, waitbutwhy .2013 年，厄本诙谐的简笔画插图和深刻的见解使他的“等一下，为什么”（Wait But Why）成为互联网上最有趣的博客之一。这篇文章的部分内容是：“黑暗游乐场是每个拖延症者都熟悉的地方。人们有时候会在这里进行休闲活动。而这本不应该发生。你在黑暗游乐场里得到的乐趣并不是真正的乐趣，因为你根本没有为自己赢得享乐的机会，而且空气中充满了内疚、焦虑、自我厌恶和担忧。”

3. Marie Kondo, *The Life-Changing Magic of Tidying Up: The Japanese Art of Decluttering and Organizing* (Berkeley, Calif.: Ten Speed Press, 2014), 73.

4. Hilary Macaskill, *Agatha Christie at Home* (London: Frances Lincoln, 2014). 作者描述了克里斯蒂在 20 世纪 30 年代末如何以 6 000 英镑的价格买下她的房产。她请建筑师翻新房子，告诉他：“我想要一个大浴缸，我还需要一个置物台阶，因为我喜欢吃苹果。”在《阿加莎 · 克里斯蒂杂录》（*Agatha Christie Miscellany*, Cheltenham, UK: History Press, 2013）中，凯茜 · 库克（Cathy Cook）写道：“克里斯蒂说她躺在浴缸

里吃苹果喝茶的时候最有灵感。她宣称，现代的浴缸没有考虑到作家的需求，因为它们‘太滑，没有好的木制台阶来放铅笔和纸’。”

5. Edmund Morris, *Beethoven: The Universal Composer* (New York: Atlas/HarperCollins, 2005), 80. 莫里斯（Morris）讲述了贝多芬如何串起他的一系列仪式，包括在清晨数咖啡豆：“在温特都柏灵（贝多芬的家），他沉浸在每年例行生活节奏之中，那是他余生都会追求的一种生活。春天、夏天和初秋在林间或酒乡谱写音乐草稿，冬天在城市里将他的草稿谱写成完整的作品。于是，在他脑中，万物生长的季节与创造力联系在一起，万物寂灭的日子则与誊写曲谱草稿、排练、合奏和契约联系起来。一年到头，他都是天一亮就起床，吃早餐，给自己煮一份尽可能浓的咖啡（每杯仔细地数出60粒咖啡豆），然后在他的‘钢琴桌’前工作到中午，这样他就可以边弹边写了。”

6. Anthony Everitt, *Augustus: The Life of Rome's First Emperor* (New York: Random House, 2006), 120.

第3章　释怀，雇用“感恩”，解雇“抱怨”

1. Guy de Maupassant, “The Piece of String,” Project Gutenberg, originally published in his short story collection *Miss Harriet* (Paris: Victor Havard, 1884).

2. Barbara L. Fredrickson, "The Broaden-and-Build Theory of Positive Emotions," *Philosophical Transactions of the Royal Society of London. Series B, Biological Sciences* 359, no. 1449 (Sep-tember 29, 2004): 1367–78.

3. Jim Collins, *Good to Great: Why Some Companies Make the Leap... and Others Don't* (New York: Harper Business, 2001), 165.

4. Jim Collins, *Turning the Flywheel: A Monograph to Accompany Good to Great* (New York: Harper Business, 2019), 1.

5. Chris Williams, *Let It Go: A True Story of Tragedy and Forgiveness* (Salt Lake City: Shadow Mountain, July 30, 2012).

6. Clayton Christensen, *Competing Against Luck: The Story of Innovation and Customer Choice* (New York: Harper Busi-ness, 2016), 15. 克里斯坦森举了一个有趣的例子，这是关于一家想卖出更多奶昔的快餐连锁店的故事："结果发现，大部分奶昔在早上 9 点之前被独自来到快餐店的人们买走。这些人几乎总是只买这一样东西。他们不在店里喝，而是钻进汽车然后带着奶昔离开。所以我们问他们：'不好意思，我想解开这个谜团，你来这儿买奶昔，到底是出于什么原因？'谜底很快揭晓了，大清早来的顾客们都有同样的原因：他们开车上班的路上漫长而无聊，需要在通勤路上找点儿乐趣。”

7. J.R.R. Tolkien, *The Two Towers: Being the Second Part of The Lord of the Rings* (London: Allen and Unwin, 1954). 格力马 · 巧言（Gríma Wormtongue）最初是洛汗国国王希优顿（King Théoden）的忠实奴仆与顾问。但是后来他与国王的暗中敌人萨鲁曼（Saruman）巫师结盟，萨鲁曼用黑魔法通过巧言的作用控制了国王。正如甘道夫（Gandalf）对希优顿所描述的那样：“巧言的低语一直在你耳边回响，毒害你的思想，冷却你的内心，削弱你的四肢，而其他人袖手旁观，无能为力，因为你的意志在巧言的掌控之中。”《指环王》的作者托尔金（Tolkien）是一位有学问的语言学家，“Gríma”这个名字来自英语或冰岛语单词，意为“面具、帽檐、头盔”或“幽灵”。

8. Greg McKeown, “Hire Slow, Fire Fast,” *Harvard Business Review,* March 3, 2014.

9. 这部分内容基于我在 2020 年写这本书期间与乔纳森 · 卡伦的多次谈话。从这位骄傲的父亲不断发来的照片来看，他的儿子特里斯坦一定很快乐、很健康。

第 4 章　休息，有规律地“无所事事”

1. K. A. Ericsson, R. T. Krampe, and C. Tesch-Röer, “The Role of Deliberate Practice in the Acquisition of Expert Performance,” *Psychological Review* 100, no. 3 (July 1993): 363–406. 这项研究构成了马尔科姆·格拉德威尔（Malcolm Gladwell）“一万小时规则”的基础，尽管后来该研究的作者称他们的研究结果被误解了。K. A. Ericsson, “Training History, Deliberate Practice and Elite Sports Performance: An Analysis in Response to Tucker and Collins Review—What Makes Champions?,” *British Journal of Sports Medicine* 47 (2013): 533–35.

2. Hans P. A. Van Dongen, Greg Maislin, Janet M. Mullington, and David F. Dinges, “The Cumulative Cost of Additional Wakefulness: Dose-Response Effects on Neurobehavioral Functions and Sleep Physiology from Chronic Sleep Restriction and Total Sleep Deprivation,” *Sleep* 26, no. 2 (March 2003): 117–26. 该研究的作者总结道：“嗜睡评分表明，受试者在很大程度上没有意识到这些不断增加的认知缺陷，这也许可以解释为什么慢性睡眠限制对清醒时认知功能的影响通常被认为是良性的。”

3. Brian C. Gunia, “The Sleep Trap: Do Sleep Problems Prompt Entrepreneurial Motives but Undermine Entrepreneurial Means?,” *Academy of Management Perspectives* 32 (June 13, 2018): 228–42.

4. A. Williamson, M. Battisti, Michael Leatherbee, and J. Gish, "Rest, Zest, and My Innovative Best: Sleep and Mood as Drivers of Entrepreneurs' Innovative Behavior," *Entrepreneurship Theory and Practice* 483, no. 3 (September 25, 2018): 582–610.

5. Jennifer Leavitt, "How Much Deep, Light, and REM Sleep Do You Need?," *Healthline*, October 10, 2019.

6. Institute of Medicine, US Committee on Sleep Medicine and Research, and H. R. Colten and B. M. Altevogt, eds., *Sleep Disorders and Sleep Deprivation: An Unmet Public Health Problem* (Washington, D.C.: National Academies Press, 2006), 2.

7. Shahab Haghayegh, Sepideh Khoshnevis, Michael H. Smolensky, Kenneth R. Diller, and Richard J. Castriotta, "Before-Bedtime Passive Body Heating by Warm Shower or Bath to Improve Sleep: A Systematic Review and Meta-analysis," *Sleep Medicine Reviews* 46 (2019): 124–35.

8. C. E. Milner and K. A. Cote, "Benefits of Napping in Healthy Adults: Impact of Nap Length, Time of Day, Age, and Experience with Napping," *Journal of Sleep Research* 18, no. 2 (2009): 272–81.

9. J. R. Goldschmied, P. Cheng, K. Kemp, L. Caccamo, J. Roberts, and P. J. Deldin, "Napping to Modulate Frustration and Impulsivity: A Pilot Study," *Personality and Individual Differences* 86 (2015): 164–67.

10. S. Mednick, K. Nakayama, and R. Stickgold, "Sleep-Dependent Learning: A Nap Is as Good as a Night," *Nature Neuro-science* 6, no. 7 (2003): 697–98.

11. Ron Chernow, *Grant* (New York: Penguin, 2017), 376. 在尤利西斯 · S. 格兰特的一生中，他的功绩常被人拿来与拿破仑相比较。作为拿破仑的同类人，格兰特对这位法国人的军事战略了如指掌，显然也包括他的睡眠习惯。

12. Ian Gibson, *The Shameful Life of Salvador Dalí* (London: Faber and Faber, 1997), chaps. 2 and 3.

13. Drake Baer, "How Dali, Einstein, and Aristotle Perfected the Power Nap," *Fast Company,* December 10, 2013.

第 5 章　觉察，在"噪声"中保持专注

1 . Guinness World Records News, "Sherlock Holmes Awarded Title for Most Portrayed Literary Human Character in Film and TV," Guinness World Records, May 14, 2012.

2. John Gottman and Joan DeClaire, *The Relationship Cure* (New York: Crown, 2002), chap. 2.

3. 罗纳德·爱泼斯坦是纽约罗彻斯特大学医学院和牙科学院的家庭医学、精神病学和肿瘤学教授。他也是《在场：医学、正念和人性》(*Attending: Medicine, Mindfulness and Humanity*) 一书的作者。

第二部分 轻松行动

1. 维克多·弗兰克尔（Victor Frankl）也使用了类似的术语“过度意图”，尤其是针对他的病人的极端病例。但我更喜欢使用“过度努力”这个更适合普通民众的表述。

第 6 章 定义，找到“产出低于投入”的那个点

1. Pablo Lledó, “Wasa and Scope Creep-Based on a True Story,” trans. Dr. David Hillson, accessed October 15, 2020. Eric H. Kessler, Paul E. Bierly III, and Shanthi Gopalakrishnan, “Vasa Syndrome: Insights from a 17th-Century New-Product Disaster,” *The Academy of Management Executive* 15, no. 3 (August 2001): 80–91.

2. Margareta Magnusson, *The Gentle Art of Swedish Death Cleaning: How to Free Yourself and Your Family from a Lifetime of Clutter* (New York: Scribner, 2018).

第 7 章 开始，从简单到可笑的第一步入手

1. Alex Sherman, "Netflix Has Replaced Broadcast TV as the Center of American Culture—Just Look at the Viewership Numbers," CNBC, April 21, 2020.

2. "Keynote 4: Reed Hastings, CEO and Founder, Netflix," Mobile World Congress 2017, February–March 2017, Mobile World Live.

3. Jon Xavier, "Netflix's First CEO on Reed Hastings and How the Company Really Got Started | Executive of the Year 2013," *Silicon Valley Business Journal,* January 8, 2014.

4. "Four Unbelievably Simple Steps to Double Your Productivity," *Learn Do Become,* accessed October 15, 2020.

5. Marie Kondo, *The Life-Changing Magic of Tidying Up: The Japanese Art of Decluttering and Organizing* (Berkeley, Calif.: Ten Speed Press, 2014), 12.

6. Fumio Sasaki, *Goodbye, Things: The New Japanese Minimalism* (New York: Norton, 2017), 87.

7. William Shakespeare, *A Midsummer Night's Dream* (Signet Classics), ed. Wolfgang Clemen (New York: Signet, 1998).

8. Eric Ries, "Minimum Viable Product: A Guide," *Startup Lessons Learned,* August 3, 2009.

9. Rebecca Aydin, "How 3 Guys Turned Renting Air Mattresses in Their Apartment into a $31 Billion Company, Airbnb," *Business Insider,* September 20, 2019.

10. "What Is a Microburst?," National Weather Service, October 15, 2020.

11. April Perry, "[Podcast 53]: How to Utilize Pockets of Time," June 6, 2019, *Learn Do Become*.

12. Laura Spinney, "The Time Illusion: How Your Brain Creates Now," *New Scientist,* January 7, 2015.

第8章　简化，能不做的都不做

1. Richard L. Brandt, *One Click: Jeff Bezos and the Rise of Amazon.com* (New York: Portfolio/Penguin, 2011).

2. Mike Arsenault, "How Valuable Is Amazon's 1-Click Patent? It's Worth Billions," *Rejoiner,* accessed October 15, 2020.

3. Louis V. Gerstner, Jr., *Who Says Elephants Can't Dance* (New York: Harper Business, 2003), 43.

4. Farhad Manjoo, "Invincible Apple: 10 Lessons from the Coolest Company Anywhere," *Fast Company,* July 1, 2010.

5. Jim Highsmith, "History: The Agile Manifesto," Agile Alliance, 2001.

6. Andy Benoit, *Andy Benoit's Touchdown 2006*: *Everything You Need to Know About the NFL This Year* (New York: Ballantine Books, July 14, 2006).

第 9 章　过程，拥抱“简陋的雏形”

1. Anthony Morris, "A Willingness to Fail Solved the Problem of Human-Powered Flight," *Financial Review,* October 6, 2015.

2. A version of this article appeared in the April 2014 issue of *Fast Company* magazine: Ed Catmull, "Lessons from Pixar President Ed Catmull: Your Ideas Are 'Ugly Babies,' You Are Their Champion".

3. John Klick, "Culture Eats Strategy: Using It to Your Advantage to Inspire Innovation Action," *PDS Blog,* October 1, 2018.

4. Ben Casnocha, "Reid Hoffman's Two Rules for Strategy Decisions," *Harvard Business Review,* March 5, 2015.

5. George Bernard Shaw, *The Doctor's Dilemma: Preface on Doctors* (New York: Brentano's, 1911), lxxxv and lxxxvi.

6. Chris Knight, "Chris Knight: 'A Word after a Word after a Word Is Power' Is a Celebration of All Things Atwoodian," *National Post,* November 6, 2019.

第 10 章　节奏，竭尽全力不如有所保留

1. Roland Huntford, *The Last Place on Earth: Scott and Amundsen's Race to the South Pole* (New York: Atheneum, 1983).

2. Conversation with Janice Kapp Perry, May 10, 2020. Susan Easton Black and Mary Jane Woodger, *Women of Charac-ter: Profiles of 100 Prominent LDS Women* (American Fork, Utah: Covenant Communications), 227–29.

3. Lucy Moore, "Before I Met You by Lisa Jewell," *Female First,* May 23, 2013.

4. Paul Shoemaker, "Can You Handle VUCA? If You Can't, You Could Perish," *Inc.,* September 27, 2018.

5. Joe Indvik, "Slow Is Smooth, Smooth Is Fast: What SEAL and Delta Force Operators Can Teach Us About Management," LinkedIn, November 24, 2015.

第三部分 轻松成果

1. Robbie Gonzalez, “Free Throws Should Be Easy. Why Do Basketball Players Miss?”, *Wired,* March 28, 2019.

2. Burton Malkiel and Charles Ellis, *The Elements of Investing: Easy Lessons for Every Investor* (Hoboken, NJ: Wiley, 2013), 11. 富兰克林在 1790 年去世前，给他最喜欢的两座城市波士顿和费城各留下了一笔 5 000 美金的馈赠。他规定，这两笔钱将用于投资，在两个特定的日期支付，分别是馈赠日的 100 年后和 200 年后。过了 100 年，每个城市取出了 50万美元用于公共工程项目。又过了 100 年，也就是 1991 年，他们拿回余款，每座城市连本带息大约有 2 000 万美元。

3. Jessica Jackley, *Clay, Water, Brick: Finding Inspiration from Entrepreneurs Who Do the Most with the Least* (New York: Random House, 2015). Also based on correspondence with Jessica in July 2020.

4. Diodorus Siculus, *Diodorus Siculus: Library of History,* vol. 11, books 21–32, trans. Francis R. Walton (Cambridge, Mass.: Harvard University Press, 1957).

第 11 章　学习，掌握事物的基本原理

1. A. Storr, "Issac Newton," *British Medical Journal (Clinical Research Edition)* 291, no. 6511 (1985): 1779–84.

2. "Principia," Classic Thesaurus, accessed October 15, 2020.

3. George N. Lowrey Company, "The Convention: Fifteenth Annual Convention of the National Association of Clothiers, Held June 5 and 6, 1911," *The Clothier and Furnisher* 78, no. 6 (1911): 86.

4. P. R. Kunz and M. Woolcott, "Season's Greetings: From My Status to Yours," *Social Science Research* 5, no. 3 (1976): 269–78.

5. AMA（"Ask Me Anything"）question-and-answer session with Elon Musk on Reddit, January 5, 2015. 马斯克（Musk）写道："我认为大多数人能学到的东西比他们想象中要多得多。他们还没尝试就妄自菲薄。一点儿建议：把知识看作一棵树，先确保你已经搞定了基本原理，也就是树干和大的树杈，然后再触及树叶，也就是知识详情，否则它们将无可依附，这很重要。"与此无关的是，在随后的交流中，另外一位用户问道："你觉得什么日常习惯对你的生活产生了最大的积极影响？"马斯克的回答很简单："洗澡。"

6. Patrice Voss, Maryse E. Thomas, J. Miguel Cisneros-Franco, and Étienne de Villers-Sidani, "Dynamic Brains and the Changing Rules of Neuroplasticity: Implications for Learning and Recovery," *Frontiers in Psychology* 8, no. 1657.

7. Isaiah Berlin, *The Hedgehog and the Fox* (London: Weidenfeld & Nicolson, 1953).

8. Jim Collins, *Good to Great: Why Some Companies Make the Leap and Others Don't* (New York: Harper Business, 2001), 90.

9. Tren Griffin, *Charlie Munger: The Complete Investor* (New York: Columbia Business School Publishing, 2015), 43.

10. B. Uzzi et al., "Atypical Combinations and Scientific Impact," *Science* 342, no. 6157 (2013): 468–72.

11. Andrew Perrin, "Slightly Fewer Americans Are Reading Print Books, New Survey Finds," Pew Research Center, October 19, 2015. 这项调查还发现，七成美国成年人（72%）在过去一年时间里读过书，不论是整本书还是一本书的一部分，也不论是什么形式的书。这个数字比原来的 79% 有所下滑。值得高兴的是，在 18 ～ 29 岁的成年人中，这个比例上升到了 80%，这证实了一个与普遍印象相反的观点，千禧一代确实是阅读的。

第 12 章　提升，借助知识分享让影响力指数级增长

1. Robert Sutton and Huggy Rao, *Scaling Up Excellence: Getting to More Without Settling for Less* (New York: Random House Business, 2016). 萨顿和拉奥将这一原则归功于宝洁公司前 CEO 雷富礼。雷富礼认为，"'芝麻街—简单'（Sesame Street–simple）的口号重复了一遍又一遍，让每个人都知道了什么才是最重要的。"就连所有的 5 岁小孩都会同意这一点。

第 13 章　自动，让行动不假思索

1. Alfred North Whitehead, *An Introduction to Mathematics* (London: Williams and Norgate, 1911), 61.

2. Atul Gawande, *The Checklist Manifesto: How to Get Things Right* (New York: Metropolitan Books, 2009), 33.

3. Alexander Sehmer, "Teenager's Parking Appeals Website Saves Motorists £2m After Overturning Thousands of Fines," *Independent*, December 29, 2015.

4. Dan Heath, "How Expedia Solved a $100 Million Customer Service Nightmare," *Medium*, March 3, 2020. 瑞安·奥尼尔在 2020 年 8 月的一场会议中向我确认了这个数据。

第 14 章　信任，与值得信赖的人一起工作

1. 沃伦 · 巴菲特，“主席的信”2004 年 2 月 27 日，伯克希尔哈撒韦公司年度报告，第 6 页。

2. Kim Scott, *Radical Candor: Fully Revised & Updated Edition: Be a Kick-Ass Boss Without Losing Your Humanity* (New York: St. Martin's Publishing Group, 2019), 9.

第 15 章　预防，在问题发生前就“连根拔起”

1. David Allen, *Getting Things Done: The Art of Stress-Free Productivity* (New York: Penguin Books, 2015), 237. 戴维 · 艾伦在描述“这种简单却特别的迈向下一步的技巧”时声明，他的老朋友、管理咨询师迪安 · 艾奇逊与美国前国务卿迪安 · 艾奇逊没有关系。

2. Michael A. Roberto, *Know What You Don't Know: How Great Leaders Prevent Problems Before They Happen* (Upper Saddle River, NJ: Pearson Education, 2009), 1.

未来，属于终身学习者

我这辈子遇到的聪明人（来自各行各业的聪明人）没有不每天阅读的——没有，一个都没有。巴菲特读书之多，我读书之多，可能会让你感到吃惊。孩子们都笑话我。他们觉得我是一本长了两条腿的书。

——查理·芒格

互联网改变了信息连接的方式；指数型技术在迅速颠覆着现有的商业世界；人工智能已经开始抢占人类的工作岗位……

未来，到底需要什么样的人才？

改变命运唯一的策略是你要变成终身学习者。未来世界将不再需要单一的技能型人才，而是需要具备完善的知识结构、极强逻辑思考力和高感知力的复合型人才。优秀的人往往通过阅读建立足够强大的抽象思维能力，获得异于众人的思考和整合能力。未来，将属于终身学习者！而阅读必定和终身学习形影不离。

很多人读书，追求的是干货，寻求的是立刻行之有效的解决方案。其实这是一种留在舒适区的阅读方法。在这个充满不确定性的年代，答案不会简单地出现在书里，因为生活根本就没有标准确切的答案，你也不能期望过去的经验能解决未来的问题。

而真正的阅读，应该在书中与智者同行思考，借他们的视角看到世界的多元性，提出比答案更重要的好问题，在不确定的时代中领先起跑。

湛庐阅读App：与最聪明的人共同进化

有人常常把成本支出的焦点放在书价上，把读完一本书当作阅读的终结。其实不然。

时间是读者付出的最大阅读成本

怎么读是读者面临的最大阅读障碍

“读书破万卷”不仅仅在“万”，更重要的是在“破”！

现在，我们构建了全新的“湛庐阅读”*App*。它将成为你“破万卷”的新居所。在这里：

- 不用考虑读什么，你可以便捷找到纸书、电子书、有声书和各种声音产品；
- 你可以学会怎么读，你将发现集泛读、通读、精读于一体的阅读解决方案；
- 你会与作者、译者、专家、推荐人和阅读教练相遇，他们是优质思想的发源地；
- 你会与优秀的读者和终身学习者为伍，他们对阅读和学习有着持久的热情和源源不绝的内驱力。

下载湛庐阅读 App，
坚持亲自阅读，
有声书、电子书、阅读服务，
一站获得。

CHEERS

本书阅读资料包

给你便捷、高效、全面的阅读体验

本书参考资料

湛庐独家策划

- 参考文献
  为了环保、节约纸张，部分图书的参考文献以电子版方式提供
- 主题书单
  编辑精心推荐的延伸阅读书单，助你开启主题式阅读
- 图片资料
  提供部分图片的高清彩色原版大图，方便保存和分享

相关阅读服务

终身学习者必备

- 电子书
  便捷、高效，方便检索，易于携带，随时更新
- 有声书
  保护视力，随时随地，有温度、有情感地听本书
- 精读班
  *2~4*周，最懂这本书的人带你读完、读懂、读透这本好书
- 课　程
  课程权威专家给你开书单，带你快速浏览一个领域的知识概貌
- 讲　书
  *30*分钟，大咖给你讲本书，让你挑书不费劲

湛庐编辑为你独家呈现
助你更好获得书里和书外的思想和智慧，请扫码查收！

（阅读资料包的内容因书而异，最终以湛庐阅读*App*页面为准）

北京市版权局著作权合同登记号 图字：01-2022-0278

图书在版编目（CIP）数据

轻松主义 / (英) 格雷戈 · 麦吉沃恩著 ; 范兆明译 . -- 北京 : 中国财政经济出版社 , 2022.3
书名原文 : Effortless
ISBN 978-7-5223-1089-3

Ⅰ . ①轻… Ⅱ . ①格… ②范… Ⅲ . ①生活方式－通俗读物 Ⅳ . ① C913.3-49

中国版本图书馆 CIP 数据核字 (2022) 第 006258 号

责任编辑：胡　懿　　　　责任校对：胡永立
封面设计：宋欣蔚　　　　责任印制：张　健

轻松主义
QINGSONG ZHUYI
中国财政经济出版社 出版
URL: http://www.cfeph.cn
E-mail:cfeph@cfemg.cn
（版权所有 翻印必究）
社址：北京市海淀区阜成路甲28号　　邮政编码：100142
营销中心电话：010-88191522
天猫网店：中国财政经济出版社旗舰店
网址：https: //zgczjjcbs.tmall.com
石家庄继文印刷有限公司印装　　各地新华书店经销
成品尺寸：170mm×230mm　　16开　　17.75印张　　216 000字
2022年3月第1版　　2022年3月河北第1次印刷
定价：79.90元
ISBN 978-7-5223-1089-3
（图书出现印装问题，本社负责调换，电话：010-88190548）
本社图书质量投诉电话：010-88190744
打击盗版举报热线：010-88191661　　QQ：2242791300